The Ainu of the Northwest Coast of Southern Sakhalin

樺太アイヌ民族誌

その生活と世界観

大貫恵美子

阪口諒 訳

青土社

樺太アイヌ民族誌

目次

【凡例】

一、本書は、Ohnuki-Tierney, Emiko, *The Ainu of the Northwest Coast of Southern Sakhalin.* (New York: Holt, Rinehart & Winston, 1974) の翻訳（序章の一部と用語集は割愛した）である。原題は、『樺太北西海岸のアイヌ』と訳出されるが、むしろ内容をできるだけ反映させるほうが適切と考え、『樺太アイヌ民族誌　その生活と世界観』というタイトルとした。

二、本稿で樺太といった場合、主に北緯五〇度以南の日本の植民地（一九〇五～四五年）に対する名称として使用する。サハリン島全てを指す場合にはサハリン島とする。

三、民族名に関しては、自称に基づく公式の民族名に置き換えた。ギリヤーク（Gilyak）、オロッコ（Orok）、ラップ（Lapp）、カムチャダール（Kamchadal）は他称であるため、指し示す集団が完全には一致しないこともあるが、自称に基づくニヴフ（Nivkh）、ウイルタ（Uilta）、サーミ（Sámi）、イテリメン（Itel'men）とした（アルファベットによる民族名は全て英語表記）。なお、Japaneseが、アイヌに対して日本のマジョリティの民族を指す場合には、和人と訳した。広く日本国民を指すと思われる場合には日本人とした。Sakhalin Ainuは、近年エンチウを使用することもあるが、樺太アイヌとした。

四、英語版で用いられるナーナイ（Nanay）は、日本側の文献でサンタン（山丹、山靼、山旦）人と呼称される集団（その大部分は現在のウリチUl'chにつながる人々）のことを指していることが多い。その場合にはサンタン人と訳した。

五、フィート、インチはセンチメートルに置き換えた。

六、本文においては、読みやすさを考えアイヌ語は現行のカタカナ表記で表記した（八頁参照）。原著のアイヌ語表記は初出の時のみ表示した。また、地名に関しては、ライチシカ *Rayčiska*（来知志）のようにアイヌ語とともに、（）で日本領樺太時代の地名を補った。どの地点のものか不明のものはアイヌ語だけで示した。

七、動植物名に関しても、アイヌ語が示されている場合は、アイヌ語で示されている動植物の日本語名を（）で補った。植物の多くはOhnuki-Tierney, Emiko, "Spatial Concepts of the Ainu of the Northwest Coast of Southern Sakhalin," *American Anthropologist* 74, no. 3 (1972) からアイヌ語名を知ることができるので、そのアイヌ語名から日本語に直した。はっきりと特定できないものには註を付加した。いくつかの魚種はアイヌ語名称が示されておらず、英語からでははっきりとしなかったが、生息域、漁法などから推定した。本文中でminnow, Wachna codと示されるものはそれぞれ（ヒメハヤ、ワフニャではなく）ウグイ、コマイだと考えられるので、そのように訳した。

（訳者）

樺太アイヌ民族誌　その生活と世界観

北東アジアの中のサハリン島

本書をフシコとアイヌの方々
そして、私の両親である
大貫光三郎と大貫たゑに捧げる

本書のアイヌ語カタカナ表記に関して

本書で用いるアイヌ語カタカナ表記は社団法人北海道ウタリ協会（現・北海道アイヌ協会）が1994年に発行したアイヌ語教本『アコロイタㇰ』で採用された方式（アコロイタㇰ方式）に準じるものである。『アコロイタㇰ』では樺太方言が扱われていないので、ここでは北海道方言との差異に少し触れながら、原著の音素表記と本書で併用するカタカナ表記に関して説明する。

母音は5つ（i, e, a, o, u）で、発音は日本語東京方言と似ている。ただし、uは唇を少し丸めて発音する。本書の音素表記では、母音の後に：を付加することで長母音であることが示されているが（北海道方言と異なり、樺太方言には長母音と短母音の区別がある）、日本語版において追加したカタカナ表記では長音記号「ー」を加えることによって長母音であることを表示する（例：カー ka:《糸》、トー to:《湖》）。

子音は11個（p, t, k, č, s, m, n, r, h, w, y）あり、母音と組み合わせて発音されるとき（大文字のカナで表記されるとき）の発音はだいたい日本語と同じである。tuはツではなくトゥである。čは、アコロイタㇰ方式ではcで表記される音で、チャ行の子音である（čiはチ）。siは母音のイをはっきり発音したシであり、日本語東京方言ハシ「橋」のシと同じである。

音節末に立ち得る子音は北海道方言で9つ（p, t, k, s, r, m, n, w, y）であるのに対し、樺太方言では6つ（s, m, n, w, y, h）である。音節末のs, mはそれぞれ小文字カナのㇱ，ㇺと表記する（例：チㇱ čis《舟》、カㇺ kam《肉》）。東京方言でハシ（箸）というときのシがㇱ sの音とだいたい同じであり、ㇺ mは口を開けずにムを発音した時の音である。音節末のn, w, yはそれぞれン，ウ，イと表記する（例：コタン kotan《村》、イナウ inaw《木幣》、チライ čiray《イトウ》）。ただし、音節末のン nは日本語と異なり、舌先を歯茎か歯の裏に付けて発音する。

音節末のhは、直前の母音の形のまま短く息を吐くようにするとこの音になる。直前の母音がiの場合、sに近づき（sと表記されている場合は小文字のㇱとする）、uの後ろではfに近い発音になる。カタカナ表記では、直前の母音に合わせてㇵ，ㇶ，ㇷ，ㇸ，ㇹに書き分ける（例：アㇵチ ahči《おばあさん》、ピㇶサムンフㇷカラ pihsamun huhkara《常緑のやぶ》、ハチュㇷチェㇸ hačuhčeh《カラフトシシャモ》、ホㇹチリ hohčiri《男児の髪飾り》）。（訳者）

アイヌ語の音素

北西海岸で話され、本書で使用されるアイヌ語には、次の音素が含まれている。

母音：/i, e, a, o, u/

長さ：/:/

子音：/p, t, k, č, s, m, n, r, h, w, y/

母音：

	前舌	中舌	後舌
高	i		u
中	e		o
低		a	

近似する英語の発音

/i/ s*i*t の i

/e/ b*e*t の e

/a/ r*o*d の o

/o/ *o*bey の o

/u/ p*u*t の u

子音：ほとんどの子音は英語とほぼ同じ音価である。ただし、そのうちいくつかについて簡単に説明することが適切であろう。/p, t, k/ は「おそらく」有声異音 [b, d, g] と自由変異の関係である。通常、これらの閉鎖音は語頭の位置では無声である。しかし、いくつかの言葉では、それらは無声で発音される場合もあれば、位置に関係なく有声で発音される場合もある。無声閉鎖音または有声閉鎖音のいずれかで発音される単語もある。全体として、どの位置でも無声閉鎖音を持つ言葉は有声閉鎖音を持つ言葉より多い。/č/（英語の *church* の ch）は有声の異音［j］（*juice* の j）と自由変異の関係である。/s/ は /i/ の前または後で口蓋化されることが多い。/r/ は短い有声歯茎弾音である。/h/ は無声声門摩擦音であり、語末にあるときは非常に軟らかく発音される。（アイヌ語の音素の詳細な議論は Ohnuki-Tierney 1969b：5-8 参照）

▲アイヌ式住居の前にいる樺太アイヌ（1900 年頃）。（C. Chard 氏提供）

▲ 1913 年の樺太アイヌ。女性は魚皮衣を身に着けている。左から二番目の男性は、隣人のウイルタの毛皮帽をかぶっている。（児玉譲次氏・児玉マリ氏提供）

第一章　はじめに

樺太アイヌ：樺太における過去

樺太アイヌがサハリン島南部に最初に移住したのはいつであるのか定かではない。しかし、過去数百年の間、アイヌが島の南半分、だいたい北緯五〇度以南に定住し、残りがニヴフの手中にあったことが知られている。また、この島には、現在、ロシアでウイルタやナーナイと呼ばれるような少数の「先住」民族も暮らしている。最も信頼できるものは、アイヌは北海道から移ってきた（Chard 1968）という説で、その移動はおそらく早くて紀元後一千年紀、一三世紀までに間違いなくなされた可能性がある。

一九世紀末から一九四五年までの様々な時点で実施された国勢調査によると、樺太アイヌの人口は一二〇〇人～二四〇〇人である（それに対して同じ時期の北海道のアイヌは一五〇〇〇人～一七〇〇〇人と推定されている）。この国勢調査の数字には、アイヌの「血」や先祖を持つ人はすべて含まれている。しかし、北西海岸の集落などの僻地に住むアイヌは除外されていることが多く、信憑性に欠けている。[1]

サハリン島の豊富な天然資源は、商人や後の植民地主義国を惹きつけるという不幸な結果をもたらした。サハリン島は極東文明の北東端に位置し、ユーラシア大陸とは水で隔てられてさえいるが、中国内陸から、松花江（スンガリ川）、ウスリー川、アムール川といった自然交通路を利用してアムール川河口

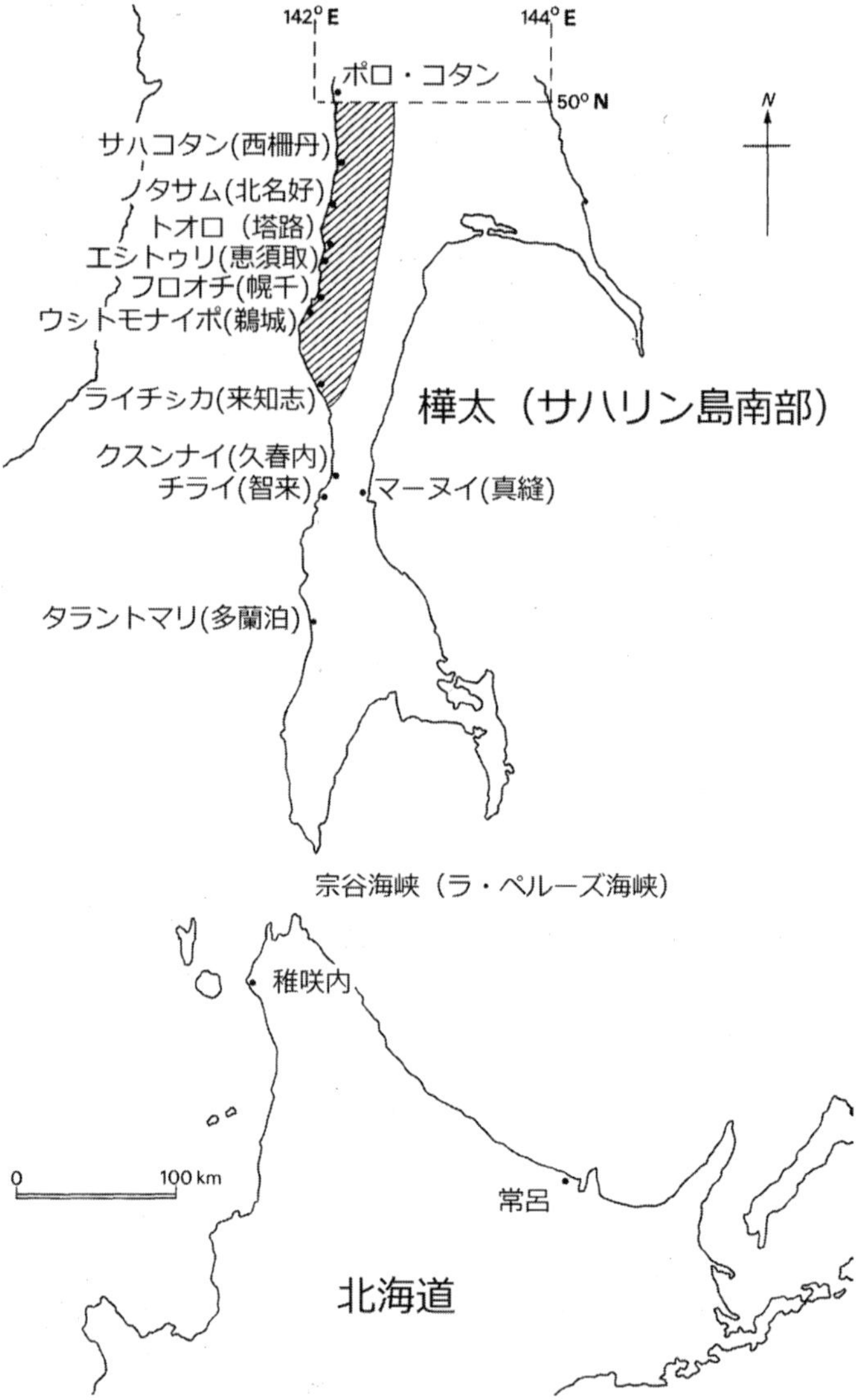
142° E
144° E
ポロ・コタン
50° N
N
サハコタン(西柵丹)
ノタサム(北名好)
トオロ（塔路)
エシトゥリ(恵須取)
フロオチ(幌千)
ウシトモナイポ(鵜城)
ライチシカ(来知志)
樺太（サハリン島南部）
クスンナイ(久春内)
チライ(智来)
マーヌイ(真縫)
タラントマリ(多蘭泊)
宗谷海峡（ラ・ペルーズ海峡）
稚咲内
0
100 km
常呂
北海道

図一．樺太と北海道

に達し、そこから狭い間宮（タタール）海峡からサハリン島へは舟か、海峡が凍結する冬期には犬橇で渡ることができる。

中国の影響力はこの自然交通路によって、仲介人として活動するアムール川沿いの他の先住民を通じて間接的に、おそらく早くも紀元後一千年紀にはこの島に到達した。しかし、中国の影響力は、一三世紀にサハリン島北部が、モンゴルの中国征服に続いてモンゴルの宗主権のもとに服従したときに強まった。一二六三年〜一三二〇年の間には、モンゴルによるサハリン島の植民地化とニヴフとアイヌの「鎮圧」が見られた。[2] ニヴフはモンゴル軍に服従したが、樺太のアイヌは一三〇八年に最後の首長が中国を支配下に収めたモンゴルの元朝に服従するまで勇敢に戦った。その後、アイヌの首長たちはモンゴルに貢物を納めるようになった。一五世紀以降、アムール川沿いやサハリン島での交易は、それまで続いていた和人と北海道アイヌの交易と徐々に融合していった。

この交易は一八世紀に最高潮に達した。この時期、中国を征服した満洲人は、アムール川沿いとサハリン島の全ての先住民を巻き込んで、アムール川の満洲人の拠点に朝貢使を派遣した。樺太アイヌは満洲に毛皮（特にテン）やワシの羽、干し魚、その他の自前の製品のほか日本製の鉄器を貢納した。その見返りとして、満洲人から絹織物、山丹玉、綿材、キセル、針などを受け取り、その一部を和人との交易に用いた。アイヌは日本から米、酒、タバコ、鉄器などを受け取った。貿易は、その地域の「先住民」を巻き込んで段階的に行われたが、彼らの多くが仲買人となっていた。その結果、日本製の鉄器は満洲人の手に渡り、逆に貴重な中国製の織物や綿は西日本の大坂へと運ばれた。満洲人や和人だけでなく、仲買人となった他の民族までもアイヌを搾取していた。[3] 特にニヴフはアイヌに対して残酷な態度をとり、借金の返済ができなくなったものを奴隷にしていたと言われている（交易の詳細はHarrison 1954、高倉一九三九参照）[4]。

一八世紀末に、サハリン島に対する満洲の支配力は急速に低下し、一九世紀の初めには朝貢制度は廃止された[5]。しかし、その頃までには、日本政府とロシア政府がサハリン島に急速に接近し、それぞれがサハリン島の政治的支配権を獲得し、その天然資源を独占しようと競争していた。その後、一世紀半に及ぶ両国の領土紛争が続き、樺太アイヌの運命はこの両国の手に委ねられることになった[6]。

しかし、特筆すべきは、江戸幕府は一八〇九年に、朝貢制度の仲介人を務めるサンタン人に負うすべての債務を支払い、アイヌに対するすべての責任を負ったことである。言うまでもなく、江戸幕府の動機は自らへの利益のためであった。貢物を集める任務を持つ清朝の正式な代表者である仲介人たちによるアイヌの搾取が清朝による支配につながると考え、このような行動に出たのである。いずれにしても、江戸幕府の行動によってアイヌの状況はかなり改善された[7]。

アイヌに対する日本の影響は、一八六八年に明治政府が確立されると強まり、その後日本によるサハリン島南部（樺太）の資源開発が急速に進んだ。開発を容易にするため、日本政府は多くの和人移民を島に送り込んだ。アイヌの労働力も必要とされたため、日本政府はアイヌに対して直接に行政上・司法上の支配を及ぼすようになった。

アイヌを同化させるという新しい政策の下で、アイヌは和人と同等の身分を与えられるだけでなく、南海岸や東海岸のアイヌでも和人と同じ教育を受けることができるようになった。また、一八七一年までは禁止されていた日本語の使用も奨励した。

しかし、サハリン島南部（樺太）の日本化は「樺太千島交換条約の締結により」一八七五年から一九〇五年の間に中断され、サハリン島南部がロシアの支配下に入った。アイヌの運命はまたしても外部の支配者に委ねられ、日本は千島列島の全てを支配する一方で、ロシアはサハリン島全体を支配することが決定した。

一八七五年、ロシア人が南下して家を焼いたり略奪したりすると、[8] 南海岸と東海岸にいた八四三人の樺太アイヌは、故郷を離れ日本の領土へ向かうという苦渋の決断をし、日本政府に移住の支援を求めた。[9] こうして移住したアイヌ（移住先である北海道札幌市近郊の対雁にちなんで対雁アイヌと呼ばれている）[10] にとって、新しい環境への適応は予想以上に困難であった。一八八六年から一八八七年にかけて天然痘が、一八八六年にはコレラが流行して多くの死者を出した。対雁アイヌの一部は、一九〇五年以前にも、不本意ながらも樺太に帰還した。[11] 残る三九五人のアイヌも、日露戦争が終結し、ロシアに勝利した結果としてサハリン島南部が再び日本の支配下に置かれたときに故郷へと帰還した。[12]

ロシアがサハリン島南部を占領していた時期、特に、島全体が帝政ロシアによってひとつの巨大な流刑植民地として利用されていた一八八一年から一九〇五年の間は完全な混乱の時期であった。

日露戦争終結から第二次世界大戦終結までの間は、アイヌ（特に樺太南部と東部のアイヌ）が集中的に日本化された時期であった。樺太庁は一九一二年から一九一四年にかけて、従来の集落からアイヌを集め、より「保護」できるように限られた数の場所に住まわせた。[13] 言うまでもなく、この移住がアイヌの生活に与えた影響は甚大であった。しかし、辺鄙であるという理由で日本政府の政策から比較的影響を受けないままでいた北西海岸は、この移住政策からも除外された。時が経つにつれ、多くの男性のアイヌを雇用する日本の大企業が次々と設立されていった。第二次世界大戦の終結が近くなると、樺太は北方の辺境となり、日本政府はこの地域の天然資源を戦争に間に合うように利用することができなくなった。それと同時に、多くのアイヌの男性が自発的であれ強制的であれ日本軍に入隊した。

このような日本化の過程は、一九四五年に日本の無条件降伏で激変した。ロシア軍が再びこの地を占領しようとサハリン島南部に侵攻すると多数のアイヌと和人は漁船に乗って宗谷海峡（ラ・ペルーズ海峡）を渡り、北海道に逃れた。一部はサハリン島に残ることを選んだが、残りのアイヌは和人とともに戦後間もなく日本政府によって北海道に移住させられた。[14]

以上の説明は、樺太アイヌの豊かだが激動の過去を簡潔に描いたものにすぎない（サハリンの歴史の詳細については、Stephan 1971［ステファン一九七三］を参照）。ここでは、歴史的な出来事についての詳細を述べることはせずに、これらの出来事がアイヌに与えた影響を簡単に評価してみたい。アイヌ文化には地域差が大きく、歴史的な出来事がアイヌに与えた影響も地域ごとに異なるため、本書の対象である樺太北西海岸のアイヌに限定して考察する。

アイヌ文化への外部からの影響という点では、北西海岸のアイヌには交易制度がいくらか大きな影響を与えていたかもしれない。しかし、主にアイヌの物質文化に影響を与えていたようで、交易品は主に威信財や神々への供物として使われていたようである。この島の歴史に登場する民族の中で、ニヴフが北西海岸のアイヌに最も影響を与えたと思われる。アイヌとニヴフは狩猟採集を基本とした自給自足の経済を共有していた。古くから隣人関係にあり、旧日露国境付近のいくつかの集落では、同じ集落に居住していたことさえあり、それぞれが互いに集落内で棲み分けていた。[15] ニヴフが交易を通じてアイヌを搾取していたという記録があるにもかかわらず、北西海岸のアイヌはニヴフを交流のある他の民族よりも好意的に見ている。通婚の事例も多少見られ、[16]アイヌは他の民族のことは自分たちとは全く異なる民族と捉えていたのに対して、ニヴフを自分たちとは遠い親戚関係にあると考えている。両民族の間にはいくつかの文化的な交流もあったようである。[17]しかし、両者の生活様式は明らかに異なっており、それぞれの民族が独自のアイデンティティを保っていた。

サハリン島の他の地域のアイヌとは対照的に、北西海岸のアイヌはロシア人に対して友好的な態度をとっていた。一八七五年の北海道への移住には、この地域のアイヌは関わっていない。彼らの中には、ロシア人に雇われて放牧や漁業に従事していた者もいたが、両者の生活様式は大きく異なり、文化交流は限られていた。しかし、ロシアの丸太小屋建築技術はアイヌの生活に大きな影響を与えた。この技術は、アイヌの伝統的な家づくりに取って代わるだけでなく、アイヌの季節移動のパターンを断ち切ることにもなった。二〇世紀に入る頃まで、アイヌは夏を海岸部の集落で過ごした後、内陸部に移動して半地下式の住居で冬を過ごした。ロシアの技術の導入により、暖かくて冬でも過ごすことのできる夏の家を建てることができるようになった。しかし、このような生活様式の変化はアイヌの生活のその他の側面に大きな影響を与えてはいないようで、生活は依然として夏の漁撈と冬の狩猟のシステムに基づいていた。

北西海岸は、日本の影響が及ぶまでに時間がかかり、その影響も極めて小さかった。一八五八年から日本政府の役人がこの地域に入り、[18]一九二四年までには最初の日本の産業が進出していたが、アイヌと和人はそれぞれの集落で概して平和的に共存していた。接触は日本の産業に従事するアイヌの男性に限られていた。日本の学校への通学は、他の地域の樺太アイヌには強制されていたが、ここでは義務ではなかった。何よりも重要なのは、一八七五年の北海道対雁への移住と、一九一二年から一九一四年にかけての特定の土地への再定住という二つの大きな移動に関わっていなかったことである。したがって、北西海岸のアイヌの状況は、二〇世紀の間に和人が甚大な影響を与えた樺太の他の地域のアイヌの状況とは大きく異なっている。

おそらく、北西海岸のアイヌが生活様式を維持できた最も重要で基本的な理由の一つは、総人口も個々の集落の規模も小さかったことである。ロシア人も和人も主として、アイヌの政治的支配とアイヌの労働力という経済的搾取に興味を持っていた。人口が少なかったため、北西海岸のアイヌの政治機構は組織化されたものではなく、たいていの活動は個々の家族や血縁集団によるものであった。そのため、日本政府がアイヌの政治機構を変えようとしたとしても、他の地域に比べてアイヌの生活に影響を与えることは少なかった。また、この地域は人口が非常に少なく、北海道から最も離れた地域であったため、北西海岸の搾取や労働力の利用は、日本政府にとって相対的に魅力的ではなかった。

こうした他民族との交流の結果、おそらく最も大きな変貌を遂げたのはアイヌの物質文化である。しかし、中国製の絹織物や日本製の漆器[19]など、アイヌが手に入れた外来品の多くは、日常生活の中で効果を持つというよりも、主に威信財や神への捧げ物として使われていた。つまり、アイヌの生活様式が基本的にそのまま残っていたのは、アイヌの文化パターンの中で、外部からの影響を再解釈していたからである。

以上のように、北西海岸のアイヌ文化は決して静的なものではなく、他の文化と同様に、内外からの刺激を受けながら、常に変化してきたのである。しかし、北西海岸のアイヌ文化は、近隣の民族の影響を受けても打ち砕かれることなく耐えうるだけの柔軟さと強さを持っていたように思われる。

サハリン島―その位置と自然環境

サハリンは日本の北方に位置する細長い島で、ユーラシア大陸の海岸沿いにあり、狭い間宮海峡（タタール海峡）（口絵参照）だけで隔てられている。長さは約九四八km、面積は七六、四〇〇㎢で、アイルランドとほぼ同じ大きさである。東経一四一度三八分から一四四度四五分、北緯四五度五四分から五四度二〇分の間に位置する。二つのかなり大きな平野部を除いて、サハリン島南部は山岳地帯である。気候は一年のうち寒さと湿気が厳しい時期が何ヶ月も続き、南部の平均気温は一月に約マイナス八・三度、七月には約一七・二度である。

島は天然資源が非常に豊富である。海岸、河川、湖沼には、サケ、マス、ニシン、タラ、タラバガニだけでなく、アザラシなどの海棲哺乳類も多数生息している。クジラも数多く生息しており、主に南海岸にやってくる。また、この土地には多種多様な動植物が見られる。最も印象的なのはクマであるが、他にもジャコウジカ、トナカイ、カワウソ、テン、キツネ、その他数種類の毛皮動物が生息している。一〇〇〇種の植物相のうち、九五種はカラマツ、トドマツ、エゾマツ、シラカバなどの樹木である。アイヌに関係するものではないが、石炭、鉄、金、銀などの金属、石油、天然ガスも豊富である。

第二次世界大戦後の樺太アイヌ

一九四五年の日ソ間の政治的・軍事的闘争の最終的かつ壊滅的な結末は、この土地で遠い先祖の時代から暮らしてきたアイヌの生活様式を突然断ち切った。先に述べたように、多くのアイヌが樺太を離れて北海道に定住した。日本政府は、彼らを樺太から引揚げた和人入植者と一緒に、その地の天然資源を開発するよう北海道の未開発地域に住まわせた。引揚者には新しい生活を始めるための無料の住宅、土地、資本金が与えられた。

樺太アイヌの多くは、漁業を生業とするべく海岸部に定住した。しかし、その後、ニシンやサケなどの漁獲量が激減し、アイヌの生活はかなり苦しくなった。若い男性の多くは、より豊かな漁港に職を探し、漁のない閑期には木こりや沖合漁船の乗組員として働いている。また、女性（特に若い女性）は、小さな漁村では仕事がないため、北海道の都市部に職を求めてもいる。

ソ連の資料（Stephan 1971: 193［ステファン一九七三：二二五－二二六］）によると、六〇〇人[20]の樺太アイヌが島に残りサハリン島南部の八つの集落で漁業コルホーズに組織されているという。[21]

フィールドワーク

私のフィールドワークは、一年（一九六五～六六年）と、その後の三ヶ月（一九六九年）をかけて、樺太アイヌが再定住した北海道の稚咲内《わかさかない》と常呂《ところ》の二つの集落で行われた。一九六五年にアイヌの生活を学びに出発した時、北海道の北西端にある稚咲内を選んだのは、そこが約一六〇人の樺太アイヌが暮らす日本最大のコミュニティだったからである。ここのアイヌは大半が樺太南部の出身で、和人が最も集中的に、そして最も多く入り込んだ場所であった。そのため、彼らは完全に和人の偏見の的となっていた。その問題は、樺太から引き揚げた和人と同じコミュニティの中で経済的・社会的に直接的な競争にさらされた稚咲内で激しくなっていた。その結果、自らがアイヌであるとみなされないことを選択したアイヌもいた。アイヌがロマンチックで遠い存在であった西日本で生まれた私は、現地の和人の偏見の強さも、私がアイヌの中で出会った彼ら自身のアイデンティティに対する否定的な感情の強さも甘く見ていた。そのため、私がここでアイヌの生き方を学ぶのは、それを尊重しているからだということを必死になって説明した。また、日本の公立学校では中学一年生から英語が義務づけられているので、子供たちに英語を教えることで、少しでもお役に立てればと思っていた。

結局、私は稚咲内を離れることにした。それは、三〇代で和人とアイヌのコミュニティのリーダーとなったアイヌへの尊敬の念もあったからである。彼は、私がコミュニティにいることに対して仲間のアイヌが相反する感情を持っていることをすっかり承知した上で、私がそこにいることに全責任を負ってくれたのである。彼は非常に聡明な男性で、読み書きはできなかったが、自分のコミュニティの外のことにも強い興味を持っていた。ケネディ暗殺事件とその影響など、私は彼との議論を楽しんだ。彼は、自分の指導の下でアイヌが和人と同等かそれ以上の地位に上り詰めたことを研究してほしいと言ってきた。彼をはじめ、私を個人的に温かく見守ってくれたアイヌの方々と親しくなるにつれ、アイヌとはみなされたくないという彼らの気持ちを尊重しなければならないと感じた。さらに、私はこのコミュニティにおけるアイヌの現代的な適応を研究するよりも、アイヌの「伝統的」生活様式が永遠に、記憶からさえも消え去る前に記録することにより興味があった。実際、コミュニティのアイヌは全員、文化が大きく変容した樺太南部の出身者であるため、高齢者であっても、この目的にかなう良いインフォーマントを見つけることができなかった。

そこで、言語学者の間で樺太方言の貴重なインフォーマントとされていたあるアイヌの女性を北海道の東部の常呂に訪ねた。彼女がアイヌの生活を知る上で極めて貴重なインフォーマントであることがすぐに分かり、それ以来、多くの時間を彼女と過ごした。彼女の体調がすぐれない日には、同じコミュニティの他の樺太アイヌを訪ねたりもした。彼女はアイヌの生き方に誇りを持ち、生徒であった私と同じくらい熱心な先生であった。彼女はしばしば私を疲れさせ、私も彼女を疲れさせ、そのことについてよく笑い合った。

フシコ **Husko**（「古い」）という愛称で呼ばれるこの女性は、一九〇〇年にエシトゥリ *Esituri*（恵須取）近くの冬の集落で生まれ、生涯の大半を樺太北西海岸で過ごした。彼女の父方と母方の先祖は、何世代にもわたってこの地域に住んでいた。幼い頃はひどい恥ずかしがり屋で、同年代の仲間と一緒にいるよりも、両親や年上の人と一緒にいることを好んでいた。こうした年配のアイヌから、彼女は同世代の多くの人よりもアイヌの生き方を徹底的に身に着けた。アイヌのやり方で物事を行うことに誇りを持っていた父親とは特に親しくしていた。この地域には和人もいたが、和人はコミュニティが別だったため、フシコは和人たちとは友好的ではあったが、ほとんど接触することはなかった。

フシコは一〇代後半に結婚したが、相手のアイヌ男性は後に、北西海岸最大の集落の一つであるライチシカ *Rayčiska*（来知志）集落の首長になった。彼との間に五人の子供をもうけた。そのうち三人は幼い頃に亡くなり、現在は娘二人とその家族が常呂で近所に住んでいる。第二次世界大戦が始まると、フシコは夫を通じて日本の役人と頻繁に接触するようになり、第二言語である日本語を学んだ。一九四一年に夫は亡くなった。その四年後に南西海岸のタラントマリ *Tarantomari*（多蘭泊）のアイヌ男性と結婚し、そこに移住した。終戦後、北海道に移住するまでそこで暮らした。

フシコは非常に明晰な頭脳の持ち主であった。何が起こっているのか、なぜ起こっているのかを知りたがり、すばやく状況を把握する。例えば、私がタイプライターで打ったページを見て、「それはテレビで観たことのある機械が作ったものか」と聞いた。彼女は読み書きをしないが、自分や孫に英単語をいくつか教えてほしいと言ってきた。フシコのアイヌの生活に対する知識の豊富さは、彼女の探究心と知性によるところが大きいに違いない。アメリカの友人から日本についての質問を受けたときに、私は何度も文献に頼らざるを得なかったことを思い出すと、彼女の自文化に対する知識の豊かさに感銘を受けた。飽くなき探究心に恵まれた人だけが、自文化についての優れたインフォーマントなのである。

私たちが一緒に過ごした時間の多くは、フシコが私に教えたいことを話してくれた。彼女の情報は、彼女が私に話すべきことを選んだときに最も豊かなものであったが、私は一九六五年から一九六六年までの自分のフィールドデータの「穴」を埋めるために、一九六九年の二回目のフィールドワークの時は多くの具体的な質問をした。彼女はまた、どのように作られているのかを私に見せるために、衣服、ゆりかご、履物、被り物の小さな模型をたくさん作ってくれた。彼女は縫製や刺繍が並外れて上手で、私のために何着か作ってくれた。腰を痛めていた彼女があまり痛みを感じない天気の良い日には、植物採集に出かけた。アイヌの女性の一日の最初の仕事は、有用な、死んだばかりの魚や哺乳類、鳥がいるかどうかを調べることである。彼女はシャーマンでもあり、彼女の儀式を観察する機会に恵まれた。

伝統的な民族誌的手法には、参与観察が含まれている。人類学者は参与観察を通して、ホスト社会のメンバーがするのと可能な限り同じことを行う。しかし、記憶をもとにした取材では、この方法の適用範囲は限られていた。ただし、私はまったく思いがけなく、ある異例のアプローチがむしろ成功していることに気がついた。例えば、あるとき私は、フシコの家で、フシコと遊びに来ていた数人のアイヌと話をしていた。その時、ふと膝の横に何か温かいものを感じた。何も考えずに手に取ってみると、ネズミの赤ちゃんだった。私は飛びあがり、近くの湯のみのお茶をこぼしてしまった。するとフシコは私をかなり強く叱りつけた。彼女が言うには、愚かな人だけが簡単に怖がるが、もし簡単に怖がってしまうと、悪霊がその人の中に入り込もうとするのだという。また、一九六九年に二回目のフィールドワークを行ったときに、私は妊娠後期にあり、夫が私をフィールドに訪ねてきた。この間、私は妊婦としての正しい振る舞いや、夫に対する女性の態度について、あらゆる間違いを犯してしまった。このように、妊婦がすべきこと、すべきでないこと、女性が夫にどのように接するべきかについて、フシコや彼女の家族、友人から意見・批判を随分いただいた。その多くが、私の間違いの訂正であった。間違いをするのも一つの取材であった。今日でも忘れられない思い出は、安産祈願のお守りである乾燥させたクマの腸を何年も前から大切に保存していたにもかかわらず、不器用な「娘」である私に惜しげもなく授けてくれたことである。また、フシコを含めてアイヌの方々は基本的に私に自分のままでいて欲しいと思っているようだった。私がアイヌの生き方を尊重していることは理解してくれたものの、私が異なる社会に属していることを知っていたからである。

私の状況が参与観察に当てはまらなかったとはいえ、この手法の有効性を過小評価しているわけではない。実際、私がアイヌのやり方でやろうとしたことを人々が喜んでくれたことはたくさんあった。しかし、彼らは、私が間違ったことをした時でさえ熱心に訂正してくれ、特にアイヌ式、日本式、アメリカ式の三つの方法で同じことをするという三点比較を楽しんでくれた。

本書の内容

どの民族誌的な事例研究もそうであるように、アイヌの生活のほとんどの側面を扱っているが、本書はアイヌの生活をアイヌ自身の目で見たものとして提示している。アイヌが宇宙をどのように捉え、どのように部分を分解・分類し、それらの部分と宇宙全体をどのように考え、感じているのか、というアイヌの宇宙認識の枠組みの中にアイヌの生き方を置いた。このような提示の仕方をとる最も大きな理由のひとつは、私が人類学の理論的なトレーニングを受けてきたからではなく、フィールドでの私自身の経験にある。このアプローチを取るべきだと痛感したのは、初めての植物採集の日だった。早春の晴れた朝、フシコの家の隣の野原で植物採集をするために家を出た瞬間、彼女の見わたす野原と私の前に横たわる野原とがまったく違ったものであることに気がついた。彼女には、私の目の届かないはるか遠くにある、あらゆる食用植物や薬用植物が浮き彫りになっていた。さらに、彼女は有用な部分が良く成長した植物に向かって直行した。アイヌは、植物の部位によって用途が違うので、後述するように部位ごとに各々違った名前を付けている。言うまでもなく、私は日本とアメリカという二つの文化しか知らず、アイヌには無用の色のきれいな花だけが眼に入った。春の晴れた朝の体験には、新しい文化を学ぶ者としての悲しみと至らなさが伴っていた。時が経つにつれ、一層私はアイヌ文化をアイヌのやり方で学ぶべきだと確信するようになった。

以下のページでは、どのようにして、またなぜアイヌが狩猟を宗教的体験と捉えているのかなどをありのままに翻訳することを試みている。例えば、人間への極刑と同等の掟があるが、実際には人間を殺すという「過失を犯した」神（クマ）にだけその掟を行使するのかといったものである。この本の大きさを考えると、アイヌの生活に関する私の説明は、細部を大幅に省略せざるを得ない。しかし、個人差や規範を実際の行動パターンに対比させて、彼らの生活様式を記述してみたいと思う。

本研究は、アイヌ文化全体はもちろんのこと、樺太アイヌ文化社会全体を網羅しようとするものではない。別の土地の同胞から海と山で隔てられる事の多いアイヌの内部には、文化的な差異がかなりの程度存在する。個人差、また地域的な差異についての議論は本研究の射程を超えている。

どの地域の樺太アイヌの写真も非常に珍しい。しかし、何人かの同僚のおかげで、私は幸いにも樺太アイヌの古い写真のプリントを何枚か手に入れることができた。その多くは東海岸で撮影されたものである。そのため、この本に掲載されている写真の中には、他の地域の樺太アイヌのものも含まれている。

第二章　自給自足の経済活動

樺太北西海岸にあるアイヌの集落は非常に小さく、数軒から二〇軒ほどで構成されている。夏の集落は海に非常に近いところに位置する一方、冬の集落はやや内陸寄りだが海岸の比較的近くに位置している。どちらの場合も、アイヌの集落は、山と海に挟まれている。樺太は、島の中心部に山脈が南北に走っているため、西海岸の集落では東側に山々が横たわっている。図二は周囲の自然との関係の中での北西海岸のほとんどの集落の概略である。

樺太では長い雪に覆われた冬の間、アイヌの男性が陸獣と海獣の狩猟に集中する一方で、女性は屋内にいて、家族のために一年分の衣服を製作する。樺太の夏は短いが、男性はその時に食べるためだけでなく、人間のためにもソリ犬のためにも冬の保存食を生産するため、夏は漁撈に精を出す。女性も男性が魚を干して燻製するのを手伝う一方、植物採集にも精を出し、採集したものの多くは冬に使用するために乾燥させる。アイヌの経済生活のパターンは、冬と夏とにはっきりと分かれている。つまり、アイヌの観点からより適切に言えば、対照的な寒期と温期からなっている。アイヌの一年は寒期から始まる（アイヌの季節の詳細は、Ohnuki-Tierney 1969a; 1973c 参照）。

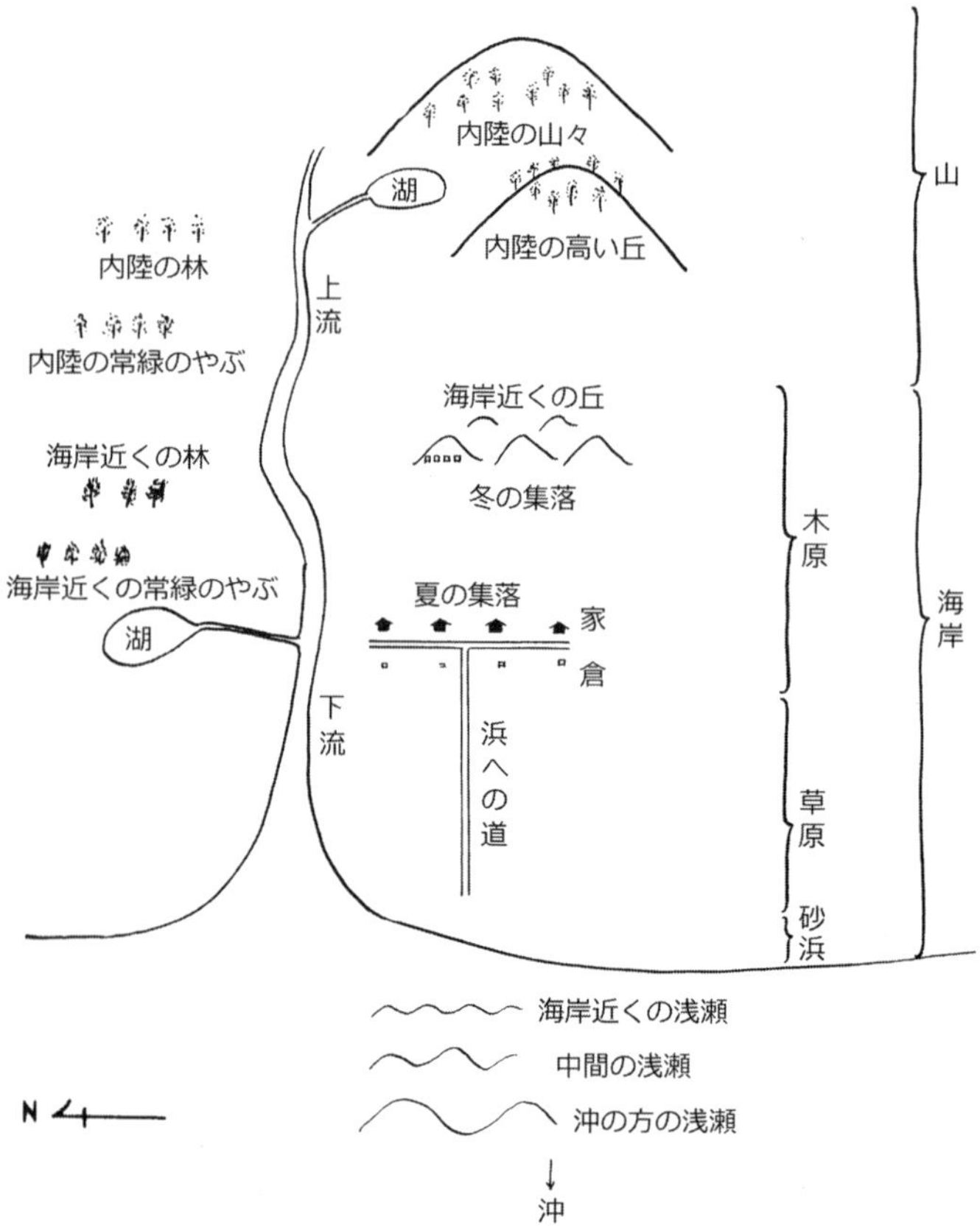

内陸の山々
湖
内陸の高い丘
山
内陸の林
上
流
内陸の常緑のやぶ
海岸近くの丘
海岸近くの林
冬の集落
木
原
海岸近くの常緑のやぶ
夏の集落
家
海
岸
湖
倉
下
流
浜
へ
の
道
草
原
砂
浜
海岸近くの浅瀬
中間の浅瀬
N
沖の方の浅瀬
沖

図二．アイヌの集落

寒期の経済活動

寒期の男性の仕事は、陸獣と海獣の狩猟と、罠猟、氷下漁、薪採り、屋内での木彫りである。女性はいくらか氷下漁をすることがあるが、主な仕事は屋内での機織り、裁縫、刺繍である。炉辺での物語は、高齢者、若者、さらには子供たちにとっても冬の生活の重要でありかつ楽しい部分である。古老が語る神聖な物語の中には、いく晩もかかるものもある。

アイヌの寒期は男性がテン獲り罠を仕掛けるために山へ行くときに始まる（暦の上では十月の半ばから後半）。猟師がテン罠猟から戻ってきたとき、集落全体でクマ送りを盛大に行う。クマ送りには、クマ送りのできない他の小さな集落の人々を含めて、親戚や友人がたくさんやって来る。二〇世紀に入るまで、クマ送りを合図に荷物をまとめ、内陸にある寒期の集落に移動していた。

陸獣の狩猟と罠猟

陸獣の狩猟と罠猟のほとんどは、寒期の初めと終わりになされる。寒期の初めの狩猟では脂ののった美味しい肉を得ることができる。春には肉の質が低下してしまうので、価値の低い夏毛に変わる前に狩りを行う必要がある。冬の真っ最中に雪が深くなりすぎると、狩猟活動が停滞する。重要な狩猟対象動物は、テン、クマ、ジャコウジカ、トナカイ、キツネ、カワウソ、ノウサギ、カラフトリスなどである。オオカミもまた、肉が美味で大変好まれていたが、一九世紀末までにさらに北へ後退し、北西海岸ではもはや入手できなかった。鳥は狩猟の対象として重要ではないが、ライチョウなどの一部の鳥は、以前は弓矢、最近では鉄砲を使って仕留めた。

前述したように、テン罠猟は寒期の始まりを告げる。男性は小さな川の中流近くの森林地帯に向かい、罠猟の間に滞在するための狩小屋を建てる。彼らは小川の流れに丸太を渡し、その上にヤナギの枝で柵を組む。柵の中央には、交易を通じてサンタン人から入手した馬の毛で作られた輪状の罠を設置する。罠は、テンが丸太の上を歩き、頭を罠に入れると、輪状の罠がテンの首を締めるように組み立てられている。男性は狩小屋に泊まり込み、時々罠を調べてまわる。天候によって通常よりも長くとどまることができる場合は、クマ送りのために一時的に集落に戻ることがあるが、通常は川が凍るまでテン罠を設置した場所に留まる。川が凍ると罠を回収して家に戻る。

より大きな動物の狩猟には、アイヌは仕掛け弓を使用する。動物が仕掛け弓につながった紐の上を歩くと、弓から矢が放たれ、動物に命中する。樺太アイヌが矢尻の先端にトリカブトの毒を塗っていたことを示唆するいくつかの情報があるが、[24] 北西海岸を含む地域の最近の樺太アイヌは総じて毒矢を使用していたことはないと否定している。北海道アイヌは毒の強力なトリカブトの根を頻繁に利用した。動物の大きさに応じて、北西海岸のアイヌは種々の大きさの仕掛け弓を作り、各種の動物がたくさん生息する場所にそれらを設置した。動物の狩猟のために狩小屋を建てていたことを記した文献もあるが、二〇世紀の前半の間、アイヌが狩小屋を使用したのは主にテン類の捕獲のためであった。

クマ（*Ursus arctos collaris*）は、この方法で狩猟される最も重要な獲物である。アイヌは寒期の初めにもクマを狩るが、特にクマがまだ穴にいるか、ちょうど穴を去ったばかりの時である寒期の終わりにクマを探す。長い冬眠をした後なので、クマはそれほど活発ではない。猟師はまだ穴にいるクマをいらだた

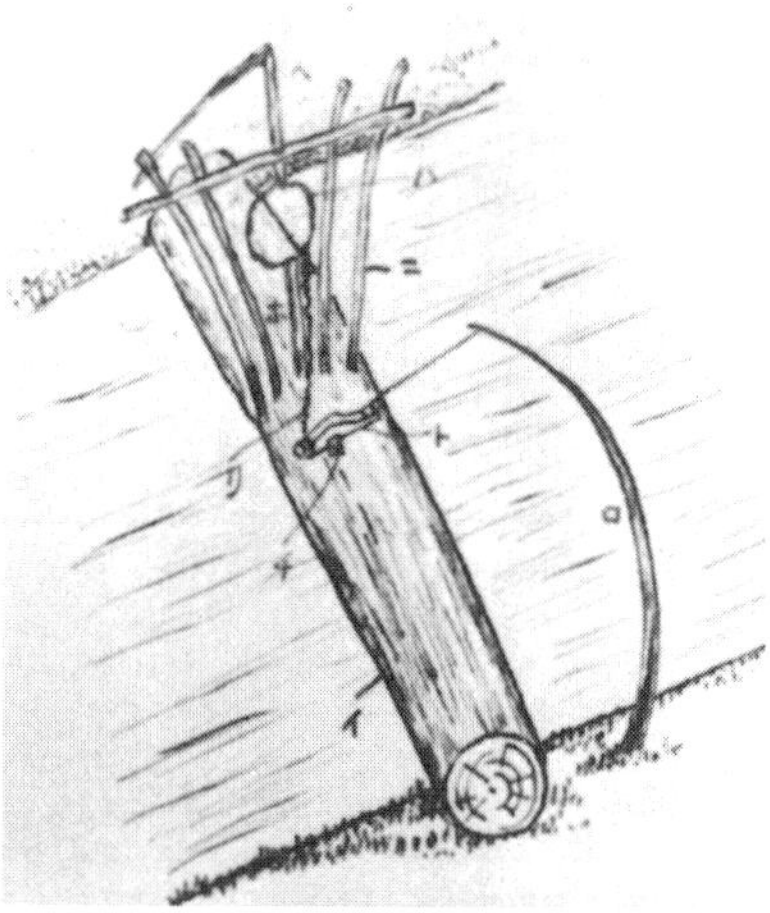

▲テン罠（山本利雄氏による線画）

せ、クマが穴から出てくるすぐ前で、まず弓矢で、そしてそれがうまくいかなければ槍か小刀でクマを殺す。多くの場合、猟師は冬眠から目覚めたばかりのクマを捕らえる。その時期にはまだ川に魚がいないので、クマは好みの植物が生えている場所に向かう。春の雪の中では足跡を追跡しやすいので、猟師にとって、適した場所に仕掛け弓を仕掛けるのは難しくない。クマが隠れるほどの高さの草はないので、この時期の狩猟は、最も危険が少ない。

寒期の終わりには、子グマと子ギツネを生け捕り、送り儀礼のために養育する（第六章）。

アイヌは、仕掛け弓を設置する以外に、簡単な輪状の罠を使ってノウサギを捕まえる。他のすべての狩猟や捕獲は女性に禁止されているが、ノウサギを捕獲することは許されている。カワウソは、寒期には氷の穴を通して弓矢で捕獲するが、温期には川に設置した罠で捕らえる。

仕掛け弓が主要な狩猟道具であるが、手持ちの弓矢も使用する。クマのような手に負えそうもない獲物を弓矢で仕留めるのはアイヌだけかもしれない。弓は約一二〇〜一五〇センチの長さで、ツリバナの木でできており、樺皮の帯が巻かれていることが時々ある。イラクサの繊維で作られた弓の弦は、使用しないときは弓から外す。矢柄はふつうカラマツでできており、その片端にチライ *čiray*（イトウ）の皮で作った膠とイラクサの繊維で作られた糸でワシ羽が三枚取り付けてある。外来の金属製の鏃が最近では使用されていたが、口承文芸によると、かつては黒曜石と燧石の石鏃を使用しており[23]、後にそれに代わって骨鏃を用いるようになったという。

槍はアイヌにとってそれほど重要ではない。アイヌはサンタン人や和人との交易を通じて槍を手に入れた[24]。しかし、狩猟中は一般に、動物が矢で傷ついた後にのみ槍を使う。槍が伝統的な狩猟用具に含まれていたという証拠はない。樺太アイヌは狩猟に雄犬も使用するが、仕掛け弓を狩猟道具として主に使用し、犬はソリ犬として用いるため、一部の北海道アイヌほど広範囲には用いない。

アイヌは獲物を様々な用途に利用する。最も重要なのは肉である。アイヌはクマ、キツネ、オオカミ、テン、トナカイ、ジャコウジカ、カワウソ、ウサギ、リスを食料にする。肉好きなアイヌは、大きな骨付き肉にかじりつくことを好んでおり、味が良く脂がのった秋の肉を喜んで食べた。動物のもう一つの重要な用途は油である。主にクマ、トナカイ、ジャコウジカから油を得ることができる。肉を煮て脂が鍋の上部に浮いてくると、鍋から掬い、アザラシの胃袋に入れて貯蔵する。この油は冬の食料である干物を浸すのに用いるのはもちろん、日常料理で使用される。また、火傷やアイヌ語でケーチマ *ke:čima* と呼ばれる頭にできる皮膚病[25]の患部への塗り薬としても使用する。

特徴的なのは、アイヌはこうした陸獣の毛皮をあまり使用せず、海獣と犬の皮、さらには魚皮を広く利用していることである。まず第一に、クマの毛皮を所持することは厳格なタブーである。クマの毛皮は、骨とともに集落が共同所有する山の決まった場所に適切に納められなくてはならない（第六章）。テンとカワウソの毛皮もアイヌ自身は使用していないが、第一章で説明したように、他の民族と交易するための貴重品として探し求めていた。アイヌ自身が使用する毛皮は、トナカイ、ジャコウジカ、ノウサギの毛皮である。トナカイの皮は、大人の敷き布団として使用される。ジャコウジカの皮は、子供用の敷き布団や、シャーマニズムの儀式（トゥス *tusu*）で使用される太鼓の皮として使用される。トナカイもジャコウジカの皮もそれほど丈夫ではないので、破れた時のため、常時予備のを数枚保存している。ノウサギの皮もそれほど丈夫ではないが、毛皮は衣服の縁取りに用いられている。冬の被り物には、品質が悪いため売買できないノウサギの皮、キツネのしっぽ、テンの皮が使用されている。

こうした毛皮を交易用または自家消費用に処理するのは女性の仕事である。女性は獲物の皮を剥ぎ、木枠に毛皮を張ってイラクサ繊維の糸で縛りつける。そして、内壁か外壁のどちらかの天井に近いところで乾燥させる。乾燥後、小刀で皮の裏をこそぎ、不要な脂肪などを取り除く。次に、柳の木の腐った部分でできた綿のようになったものでその面をこすり、毛皮から余分な脂肪分を吸収する。

猟師が紐として使っている乾燥した木の根を使い果たしたときは、トナカイの腱後脛骨筋（*tibialis posterior*）を使用する。動物の様々な部分を乾燥させ、薬用に保存する。和人とロシア人はテンやジャコウジカの睾丸を民間薬として使用するためにアイヌから手に入れた。

残念ながら、狩猟とか罠猟という用語は、基本的に活動の経済的性質しか伝えない。しかし、アイヌがこれらの狩猟・漁撈活動を本質的に宗教的であると見なしていると認識することは何よりも重要である。あるいは、より正確にアイヌの観点から言えば、動物の肉の入手に関わる活動と神々に関わる活動との間に区別は存在しない。クマ、オオカミ、キツネなどのような動物は、重要な獲物であると同時にアイヌの神々でもある。さらに、アイヌが食料を手に入れられるかどうかは、究極的には神々の手にゆだねられている。アイヌが神々に対して恭しく振る舞う場合、神々は食物を豊富に提供するが、アイヌが神々の目から見てふさわしくない場合、罰として飢饉になる恐れがある。それゆえ、アイヌにとって狩猟とは神々そのものの肉を手に入れるか、神々からの好意の結果として肉を手に入れるかのどちらかを意味する。したがって、動物の肉によって胃袋が満たされるだけでなく、それが存在することで魂が満ち足りた気分になるものである。

アイヌの狩猟にみられる宗教的意味はまた、なぜアイヌがクマの狩猟をあれほど重要視するのかを説明している。クマを一頭殺すだけで非常に多くの肉が手に入るが、獲れる数は限られている。北海道アイヌの一部が行うのと同様な組織的狩猟をしていないアイヌは、クマをたくさん獲らえることはできない。一般的な北西海岸のアイヌでは、クマの肉を年に二、三回しか味わえない。アザラシ肉と魚がはるかに重要な食料源となっている。今まで見てきたように、クマの毛皮をアイヌ自身が使用することはない。したがって、アイヌがクマを重視している理由は、アイヌの神々の最高神であるクマに付随する宗教的重要性の観点から理解されなければならない。実際、アイヌはクマにだけ、殺すたびに儀礼を行う。

それゆえ、アイヌの狩猟と罠猟は「宗教的」規則と呼ばれるものによって規制されている。狩猟中は、直接的であれ間接的であれ神を扱うことになるので、女性はノウサギのような神として扱われていない動物を捕獲すること以外には、すべての狩猟・罠猟が禁止されている。女性に対するタブーは、月経や分娩時の血の臭いを神々が非常に嫌うという信念に基づいている。洗った後でもその臭いは女性の衣服に残ると考えられているため、陸獣・海獣猟だけでなく宗教的な儀礼を含む神々を扱うすべての事柄に女性が参加することは禁止されている。同様に、出産後の女性と接触のある男性は、神々が嫌う分娩血で汚染されているため、数日間狩猟を慎む必要がある。

さらに、内奥の山々は神格化されたすべての陸獣の居住地であるがゆえにアイヌの世界観において最も神聖な場所であると考えられている。そのため、誰であろうと山猟に行くときは必ず特別な浄めの儀式を行う必要がある。

もう一つの規制は、クマによって怪我を負わされた猟師は、傷が治癒するまでクマ神として恭しく扱われる必要があるというものである。神、すなわちクマとの物理的な接触は、猟師を一時的に神に変えてしまう。負傷した猟師は自分の家にいてはならず、その家族は家の隣に仮小屋を建てなければならない。小屋には、月経中の女性や「汚れた」薪―外に倒れていたため、尿やその他の神々を不快にさせるもので汚染されている可能性がある―を近づけてはならない。家族に年配の女性がいる場合、その女性が患者の看病をすることになるが、調理と暖房には清潔で切ったばかりの薪しか使ってはならない。

狩猟の間は言葉に関しても規制がなされる。山にいる間に使うことのできない言葉[26]［＝忌み言葉］がある。婉曲表現がその代わりに使用される。例えば、アザラシを表すトゥカラという語を使用する代わりに、通常の状況では入墨を意味するシヌイェ *sinuye* という言葉を使用しなくてはならない。この規制の影響を受ける言葉は、海もしくは外来品・外国人にも関連している。アイヌにとって、外国人は沖の方に住んでいるからである。

狩猟の行動に対する規則もいくつかある。例えば、クマは人間の良い声や美しい音楽が好きだと信じられているため、猟師は歌ったり、楽器の演奏もしてはならない。それを聞くと、クマは出てきて人間を攻撃するかもしれない。ある種の漿果、根、草はクマにとっても人間にとっても好物でもあり、クマも食物を求めてこうした森にしばしば現れる。森林地域で山菜採取をする女性もこのタブーに従う必要がある。

他の多くの社会の猟師のように狩猟は男性の世界であり、狩猟の旅についての物語を喜んで語る。ここに紹介するのは、クマについての二つの物語と、オオヤマネコに関する二つの物語である。一つ目は、テン猟師によって伝えられる泥で覆われたクマについての物語で、クマが猟師に加えうる危害を聴衆に思い出させるためのものであろう。

山中には、体中に泥を塗った並外れて大きなクマがいると言われている。それはクマの「王様」で夜の間しか現れない。人間を探す伝令として雌のカモを一羽連れている。人間を見つけると、カモは主人に報告し、主人は直ちに人間たちを攻撃する。しかし、クマは非常に怠惰なので、カモが人間の居場所を突き止めるのを手伝わない限り、人間どもを探すことができない。そのため、猟師はカモがいることに気づくとすぐに捕らえて首をひねり、その上に座るべきである。

猟師はまた、ドンドンという音が聞こえたらすぐさま逃げる必要がある。それは、クマが泥を塗りつけている音だからである。それと同時に、泥で覆われたクマが偶然狩小屋にやって来た場合に備えて、猟師たちは常に大量の泥、槍、鋭い焼串を準備しておく必要がある。クマは、口だけが開いている粘土の巨大な包みのように見える。囲炉裏または外の焚き火の近くに来て、体に付けた泥を乾かしはじめる。その後、男たちはさらに泥を塗り続け、目を覆うようにしなければならない。目を覆っていた粘土が落ちるやいなや、クマは人間を見つけることができ、襲ってくるからである。

その間に、男たちはクマの脇の下と肛門から粘土を取り除く必要がある。一人が肛門に向かって木串を持っている間に、他の二人はすぐさまクマの両脇を槍で突き刺さなければならない。そうするとクマは後方に倒れ、木串が肛門に突き刺さる。これが、猟師がこの種のクマを殺してその攻撃から逃れることができる唯一の方法である。また、これらのクマは猟師が話をしているのを聞くと、すぐさま攻撃しに来るため、山にいる間は大声でこうしたクマについて話さないように細心の注意を払う必要がある。[27]

クマに関するもう一つの物語は、動物神を人間に対してより友好的な性質のものとして描いている。

かつて猟師が道に迷い、誤ってクマの巣穴に入った。クマは猟師を歓迎し、喉の渇きと空腹を和らげるために足の裏を舐める方法を教えた。クマは冬の巣穴に向かって川を上っていくときに、出来得る限り食べたり飲んだりする、そして、自分たちの手足をなめることで冬を乗り切ることができるのだと説明した。猟師は、クマが巣穴から出て道案内してくれる春まで、クマと一緒に巣穴に留まった。山の雪はまだ深く、雪が深すぎて猟師が歩けないときは、クマが猟師を背負った。二人は長い間旅をし、猟師の集落のある海岸近くまでやってきた。猟師はクマに感謝し、仲間がクマを攻撃に来る前に山に戻るように言った。[28]

補足として、ほとんど同一の「足をなめる（sucking paw）」という物語が北海道アイヌと千島アイヌの間で存在すると報告されていることを付け加えたい。[29] さらに、同様の性質の「足をなめる」というテーマは、サーミ、イテリメン、および一部のアメリカ先住民などの人々の間にも見られると報告されている。そして、これらの民族はすべてクマについての精緻な儀礼と信仰を持っている（この主題に関する更なる議論については、Hallowell 1926: 27-31 を参照）。

三つ目の物語はオオヤマネコに関係し、これもテン猟師によって語られている。物語は、オオヤマネコが瞬時にその数を増やしたり減らしたりできるというアイヌの信仰に焦点を当てている。

テン猟師が山の中でヤマネコに遭遇したら、すぐに高い木に登るべきだと言われている。猟師はまず荷を背負うのに用いている紐を解き、その端に結び目を作る必要がある。次に、猟師がつかまっている木のてっぺんからこの紐を上下に動かす。紐の端の結び目を下におろしていくと、それまでに何百匹にもなっているヤマネコは、それに一斉に飛び掛かろうとする。そして獲物を捕らえたと思って退くとき、ヤマネコはお互いの上に着地する。その一匹一匹が木のてっぺんにいる男が落ちてきたのだと思って、共食いを始める。二、三回同じことを繰り返すと、残りの数少ないヤマネコは突然一匹に合体して立ち去る。もし木に登った猟師が、数を増すヤマネコに対してこの方法を取らないと、何百匹ものヤマネコが、共食いせずに猟師を食おうと木の根を掘り返すことになる。

オオヤマネコを退治するもう一つの方法は、この動物が水を恐がる性質に関係している。

山にいる猟師はいつでも長い棒を携帯しなければならない。ヤマネコを見かけたなら、川の上の、テン獲り罠を仕掛けた丸太橋のところに向かう必要がある。その時までにヤマネコは数を増やしているかもしれないが、ヤマネコは水を恐れているので、一匹も丸太橋を渡ろうとしない。猟師は丸太橋の中央に立ってヤマネコを撃退するために長い棒を振る必要がある。ヤマネコどもは棒がわずかに触れるだけで負傷し、ふらふらし始める。強く叩くと川に落ちて溺れる。ヤマネコの数が十分に減ると、そいつらは再び合体して一匹になり、その場所から永久に離れる。

海獣猟

すべての海獣の中で、アザラシ（*Phoca vitualis*）は、群を抜いて重要である。その次に重要なのはトド（*Eumetopias jubita*）である。その他の利用できるあらゆる海獣を捕獲して使用するが、それらを対象とした狩猟は行っておらず、利用可能な場合にのみ捕獲する。北西海岸のアイヌの間では捕鯨が行われていないが、稀に死んだクジラが岸に打ちあげられると、クジラの肉を喜んで食べた。

可能であれば一年中海獣猟を行うが、寒期の終わりに行われるアザラシ狩りが、アイヌが行う海獣猟の中で最も集中的に行われるものである。寒期の終わり、多くのアザラシが流氷に集まり、出産する。アイヌはアザラシ狩りを夜明け前に開始し、流氷が見つかるところに向かう。したがって、北西海岸南部のアイヌは、はるか北方、かつての日露国境にほど近いところまで行くことが多い。五人乗りの舟を使い、暗くなるまでアザラシを探す。他の全ての漁撈活動は、川、湖、および海岸域で行われるが、流氷でのアザラシ狩猟は、アイヌにとって、必要に応じて海岸域より遠くに行く唯一の活動である。銃が導入される前は、アイヌは棍棒と銛を使用していた。特に銛は感覚が鋭く発達しているアザラシに使用されている。アイヌはもともと、先端に石鏃を備えた骨製の回転式離頭銛を使用していたが、後に輸入された金属性の銛先に置き換えた。近年では、銃が主要な狩猟道具となった。アザラシの場合、獲物を丸ごと舟に乗せて集落に戻る。トドは大きすぎてそのまま持ち帰ることはできないので、まず解体され、骨と腸の一部は投棄される。夏と秋には、アイヌは海岸にやって来た海獣を捕らえるが、その数はほんのわずかである。

アイヌは海獣のほとんどの部分を利用する。それは食料、皮、油を生産するうえで非常に重要なものである。アイヌは海獣の肉をだけでなく、脳も食用にした。アイヌはすぐに食べるために肉と脳を海水で煮るが、一部の肉は冬の貯蔵食として保存される。肉の大きな塊に切り込みを入れ、しばらく外で乾燥させてから、屋内の囲炉裏で燻製にする。油を抽出するには、まずトドの厚い脂肪層とアザラシの薄い脂肪層を屋外の大きな鍋で茹でる。それが冷めると、溶け出した脂肪をアザラシの胃袋または食道で作られた容器に保管する。アザラシとトドの脂肪は、干し魚に付ける油もしくは調理油として使用される。しかし、燈明の燃料にアザラシ油を使用することはタブーである。

アザラシは衣服やカバンの材料の重要な供給源である。女性はまず皮から脂肪を取り除き、棒で皮を叩き、次に足で皮を踏む。そして、木の幹の腐った部分から採取したスポンジ状の物質を加えて皮にくるみ、皮から油を取り除くために手でその束を絞る。次に、皮を振って棒で叩き、スポンジ状の物質を取り除く。最後に、二本の棒の間に皮を張って乾かす。皮は衣服や靴だけでなく、鞄や小刀の鞘などにもなる。アザラシの幼獣から作られた長い革紐も重要である。アザラシの幼獣の皮は、アザラシ皮製の靴の裏に用いられる。

陸上の哺乳類の狩猟と同様に、海獣猟も宗教活動である。それは海は聖なる海の神々の居住地であり、海獣自体は海の神々ではないが海の神の産物であるためである。陸獣猟と同様に、女性は海獣猟や海釣りに参加することを禁じられている。このタブーは、フロオチ（幌千）とライチシカ（来知志）の集落で遵守されたものであるが、北西海岸のどこでも実行されているというわけではない。例えば、ウシトモナイポ *Ustomonaypo*（鵜城）では、女性は海に行き、漕ぎ手として男性を助ける。海獣猟におけるもう一つのタブーは、海の神々が嫌うと信じられている植物やその植物の入った食べ物を猟師が持ち込むことである。こうした植物には、ハナウド、ハルニレの樹皮、エゾノリュウキンカが含まれる。これらの植物を海岸に運ぶことさえタブーである。これらの植物が海の神々にとってタブーとされている理由についてアイヌは説明していない。山での狩猟のように、婉曲的に置き換えられなければならない特定の言葉（忌み言葉）がある。海獣猟の際に置換が必要な言葉は、「舟」や「漕ぐ」などの海に関連する事象か、「男」、「女性」、「人間の排泄物」などの人間に関わる事象のどちらかである。

陸上の哺乳類の狩猟の場合と同様に、海獣猟もたくさんの面白い物語を生み出している。海獣猟に向かったが、嵐に遭遇し、男たちは自分たちの土地よりはるかに遠い沖に行ってしまうことがある。次の話はトド猟師によって語られた物語である。

むかしむかし、樺太アイヌの長老たちが海獣猟をしているときに霧と強風に遭遇した。彼らはアイヌの集落がある島に漂着した。しかし、その集落には女性しか住んでおらず、女たちは男たちを

▲舟（山本利雄氏提供）

見つけると、男と一緒に寝たがって互いに奪い合った。この女たちの陰部には歯が生えており、一緒に寝ると死んでしまうかもしれないため、非常に危険だった。しかし、長老の一人は機転を利かせ、性交時に刀を挿入したことで、女の歯を砕き、死なずに済んだ。その長老は無事に自分の集落に戻り、このことを語った。この女たちは山から吹いてくる風にお尻を晒し、それによって子供を妊娠すると信じられている。[30]

港がなく、五人乗りの小さな木造の舟で航海するアイヌにとって、山の方から吹きつける風は危険の兆候である。北西海岸では、この風が岸に近づこうとする舟に直接吹きつけ、集落へ無事に戻れなくしてしまう。このように、この物語に登場する女性は死の脅威を象徴的に示しており、この物語はアイヌの狩人の死闘を描いている。

氷下漁

氷と雪で閉ざされる冬の間の食料は、川や湖での氷下漁で補う。ライチシカ湖（来知志湖）のように冬の間ずっと氷下漁ができる大きな湖を除いて、その他の場所では寒期の初めから一一月頃まで氷下漁を行い、そして寒期の終わりの三月頃から再開する。真冬の間、氷の厚さは六〇センチ以上であり、釣りを行うのは不可能である。氷下漁は本来、男性の仕事であるが、実際には女性と子供も頻繁に行う。氷下漁のシーズン中は男はたいてい狩猟で忙しく暇がないからである。ウグイ、トゥクシシ *tukusis*（アメマス）、イトウ、ヘモイ *hemoy*（カラフトマス）、サケ、アラコイ *arakoy*（キュウリウオ）、ノカンチェヘ *nokančeh*（チカ）、トゲウオ、コマイのような魚を釣る。

アイヌは、氷下漁に二つの方法を用いる。よく使われるのは、氷穴を通して行う糸釣りである。最初に直径二〇センチくらいの穴をいくつか穿ち、赤い小さな布を餌代わりに、穴を通して魚を釣る。最終的に一番よく釣れる穴を選んで釣りを行う。一日の終わりには、夜の間に凍ってしまい翌日使えなくなることがないように、穴を雪で塞いでおく。もう一つの方法は網漁である。氷に一定の間隔をとって開けたいくつかの正方形の穴を通して氷の下に網を設置する。漁獲量にもよるが、しばしば女性が網を引き継ぎ、二〜五日ごとに見回りをする。この方法は、特にノトロ *Notoro* 村近くのトンコナイ *Tonkonay* と呼ばれる川で効果的であった。[31]

温期の経済活動

アイヌの寒期の生活が山（山での狩猟や内陸の湖・川）を中心としたものであるのと対照的に、温期の生活は、海岸や近海での漁撈と、草木原での植物採取を中心としている。アイヌは近海、川、湖で漁を行うが、川と湖により大きく依存している。

漁撈

温期は、ニシンの到来を合図に始まり、かつては五月の新月から満月の間に冬の集落から夏の集落に移動していた。アイヌが季節的移動をやめた後でも、集落がニシンに適した場所にない場合、しばしばニシンがたくさん到来する、別の集落に移動する。五月初旬の樺太はまだかなり寒い。実際にアイヌは、多くの場合、春の降雪をニシン到来の合図だと解釈している。氷と雪で閉ざされた長い冬の後、ニシン漁にふさわしい場所へ移動することは容易なことではないが、ニシン漁を逃すことはできない。例えば、フシコの父親がまだ幼かったとき、その家族は旅の途中に吹雪に見舞われ、まだ名前を付けられていない新生児が肺炎にかかって亡くなった。

ニシン漁の次に大切な海での漁は、六月から七月中旬までのヘモイ（カラフトマス）漁である。その後、漁の場所を川や湖に移す。マスを追って川に行き、マスが浅瀬の産卵場所に集まると、鉤銛で突く。サケもアイヌにとって大切な魚である。川の産卵場所でのサケ漁は、川と湖での定期的な漁の終わりを意味する。

ニシン、マス、サケが最も大切な魚であることに変わりないが、イトウ、トゥクシシ（アメマス）、ウグイ、カレイ、カジカ、アラコイ（キュウリウオ）、タラ、ハチュフチェへ *hačuhčeh*（カラフトシシャモ）など他の魚も入手可能な場合は熱心に求められている。海岸に近い浅瀬に岩の下に集まってくるソープクナ *so:pukuna*、チンコイ *činkoy*、カジカのような小魚はそれほど重要ではない。女性は手や籠でこれらの魚を容易に掬いとる。エビ、タコ、カニ、貝、ウニおよびその他の海生生物は利用されるものの、同様にそれほど重要ではない。アイヌは効率的に最も見返りが大きい大型の魚を獲ることに精を出し、より小さな魚、貝、その他の海生生物は容易に取れる場合のみ利用した。

アイヌが避けている魚が数種類ある。しかし、本当にタブーなのはヤツメウナギだけである。ヤツメウナギは「悪い魚」と呼ばれ、忌み嫌われている。アイヌが最も嫌う動物であるヘビに形が似ていることが、このタブーの理由となっているように思われる。厳密なタブーではないものの、カスベ（ガンギエイ）にまつわる物語が原因でアイヌは普通この魚を食べない。「この魚の性器が人間の女性の性器に似ていたため、カスベと性的関係を持った者がいた。その結果、美しい男の子が生まれた。その子は数年後に自分が誰であるのかを知らせに人間の父親のもとを訪れた」——この伝説があるため、アイヌはこの魚を食べない。[32] アイヌはまた、タチウオを避けているが、それは触れると手が弱くなり力が無くなってしまうと信じているためである。理由は特にないが、サメの肉もふつう食べない。しかし、サメの肝臓から抽出した油は利用する。

アイヌは、近海、川、湖での漁において、網、網と舟、鉤と糸、槍、簗など、様々な漁具を使用している。何よりも、銛を使って行う大きい魚の漁を重視している。魚用の鉤銛には、魚体にささるときに反転する取り外し可能な鉤が付いている。簗も頻繁に使用される。真ん中だけ開いた垣で川の流れを堰き止め、そこに魚を獲るための円錐形のヤナギの籠を置く。この方法は、マス、トゥクシシ（アメマス）、イトウ、ウグイなどの様々な魚を獲るのに使用される。

アイヌが熱心に語るもう一つのタイプの漁は、夜の松明を使った鉤銛漁である。舟の大きさにもよるが、三〜一〇人が海岸近くの浅瀬の岩の周りで魚を突く。松明には乾燥させた樺皮の束を用いる。この期間中、男性は夜明けまで漁をし、魚を乾燥させる全仕事を女性に任せて、朝、床に就く。この方法で、ヘモイ（カラフトマス）、イトウ、カジカを捕らえる。松明を使った漁の歓迎すべき副産物は鵜で、松明に寄ってきて犠牲になる。鵜はアイヌが肉を大切にしている数少ない鳥の一つである。

冬の保存食である干物を作るという仕事は、漁のような夏の仕事と同じくらい重要である。冬の間は、狩猟で常に十分な食料を確保できるわけではないため、長い冬の間、ソリ犬はもちろん、自分たち自身を養うために魚を干し、燻製にする。魚をまるのまま乾燥させることもあるが、最もよく行われる乾燥方法は、背骨に沿って二枚におろすか、五枚におろす方法である。五枚におろす場合、中骨の部分は、肉がほとんど付いていないので、犬に与える。切り身は、この目的のために特別に作られた小屋の木製の棚で乾燥させる。マス、サケ、カレイ、コマイもみなこの方法で保存される。子供たちだけでなく男性と女性も干し魚作りに参加するが、男性はたいてい漁で忙しいため、多くの場合、主な責任は女性にかかる。

八月中旬から九月中旬までの魚の燻製工程は、単なるきつい作業というわけではなく、特に若い男女にとっては楽しいひとときでもある。この時期、子供と老人を家に残して、いくつかの隣接する集落の男性と女性は、川の上流近くの森林地帯に集まる。彼らは自分たちのための小屋と、ヘモイ（カラフトマス）を燻製にするための壁のない小屋を作る。ここでは、産卵を終えたマスを捕まえて燻製にする。こうした魚は痩せているが、油が少ないため、保存に適している。燻製のための火は昼夜を問わず焚き続けられるので、番をする人が必要となるが、それ以外の人は、可能な限り様々な種類の漿果を集めに近くの森に出かける。この心地よい雰囲気の中でロマンスが始まることが多く、参加する者の多くはたくさんの思い出とみやげ話を携えて帰路につく。

魚は食べ物としてだけでなく、料理やその他の用途に使う油の原料にもなる。ニシン油は特に大切なものである。大量のニシンを鍋に入れて、上に浮いてくる泡が消えるまで屋外で煮る。鍋の表面に浮かんできた油を木箱に入れ、一晩冷ます。油はアザラシの胃袋から作られた容器に移し、冬用に貯蔵する。油は調理にも燈明にも用いられる。油を絞った後のニシン粕は犬の餌にする。また、タラとサメの肝臓からも油を抽出する。最初に切り身にしてから煮る。この油は料理にも使用される。魚は衣服、靴、カバンの重要な材料である（第三章）。魚の部位は薬としても使用される。例えば、誰かが舌にやけどを負うと、タラの乾燥した舌を水に浸し、その水を舌と喉の周りに塗る。薬用に様々な種類の魚の様々な部位を大切に蓄えている。

アイヌは、魚は人間や犬ばかりでなく、海の神や山の神（つまり海獣や陸獣）の食べものであると、魚の重要性を強調する。しかし、食料、油、衣類の材料として魚に大きく依存しているにもかかわらず、アイヌは魚を神だとは考えていない。魚は、チェペヘテ・カムイ *Čepehte Kamuy* と呼ばれる海の神の創造物である（第六章）。

アイヌは湖・川での漁と海での漁をはっきり区別している。湖や川では、女性は舟に乗って行う漁も許されている。その反面、前述のように、女性は海での漁が禁止されているが、それは海は海の神々の居住空間だと信じられているからである。その結果、女性は湖や川を身近に感じているようである。女性たちは、湖や川は心強いものだと指摘している。なぜなら、男性が狩猟に出掛けているときでさえ、女性たちは食物が足りなくなることを心配せずにそこで漁をすることができるからである。

アイヌは魚に対して一種の親しみを感じている。子供でさえ魚の行動を熟知しているので、子供が食べ過ぎたとき、大人は子供を叱って「カジカのように胃が破裂するぞ」[33]と言う。毎年五月に、ハチュフチェへ（カラフトシシャモ）が到来し始めると、カジカは海岸近くまでハチュフチェへを追いかけ、そこでハチュフチェへを貪り食い、時々食べ過ぎて死ぬのを目撃する。また、アイヌは、棺に魚網の切れ端を入れ、死んだ後でも漁を続け、この重要な食料に事欠くことがないようにする。死後も生きていた時と同じ生活を続けると信じているので、死者は魚網で漁を続けると考えている。アイヌは魚皮を美しいと賞賛しそれを衣服にするだけでなく、女性の入墨の習慣はトゥクシシ（アメマス）の模様に由来すると信じている。このことは、トゥクシシが口の周りに入墨をした美しい茣蓙を編む女性として登場するという短い物語で説明されている。[34]入墨は、女性の美しさとアイヌ社会における地位の象徴である。このアメマスの女性の話からも、アイヌの生活において魚は親しみのある存在であることが分かる。

植物採集

樺太北西海岸のアイヌは、園芸や農耕はしていない[35]（北海道と樺太の両方で日本政府がアイヌに農耕を強制する以前に、北海道アイヌの一部は農耕に従事していたと報告されているが、一部の人は北海道アイヌの農耕は早くも五世紀の日本の農耕の拡散の結果の可能性があると考えている）。

アイヌは動物と同程度かそれ以上に植物に頼っている。したがって、植物採集は非常に重要な経済活動となっている。男性の植物採集はタブーではないが、主に女性によって行われる。実際、ほとんどの女性は、すべての植物を知悉していると言っても過言ではない。それは、自分の集落付近のものだけではなく、近所では手に入らない特定の植物を集めに行く隣接する集落に生えている植物を含んでいる。

漁撈に適していない集落では、植物は食料としてさらに重要となる。また、漁撈や狩猟をする成人男性がいない家族の場合、魚や獣肉の不足を補うために、女性がより多くの植物を食料として手に入れなくてはならない。例えば、フシコは自分が幼かったころ、母親が植物採集のために一生懸命に働いていたが、しばしば自分の子どもを背負いながらであったことを覚えている。フシコが生涯のほとんどを過ごしたフロオチ（幌千）の集落では、魚は豊富には獲れなかった。さらに、フシコの父親には数人の妻がおり、ときどき別の集落にいる妻を訪ねるため長期間不在のことがあった。そのため、フシコは早いうちから母親の植物採集を手伝わなければならなかった。そういうわけで、フシコの植物に関する情報は、それだけでも長い本になるほどである。ここでは、植物採集の概要をかいつまんで紹介する。

雪が溶けるとすぐに、エゾエンゴサクの塊茎を掘ることから植物採集が始まる。[36] 塊茎を傷つけないように木製の掘り棒を使っている。秋に掘れるものの方が味は良いが、春にもせっせとこの塊茎を集める。子グマでも育てている場合、人間と子グマのどちらにとってもこの塊茎が長い寒期の後の貴重な食料源になるためである。エゾエンゴサクの塊茎はクマの好物で、アイヌは子グマのために塊茎を調理する。すぐに利用する場合を除いて、余った塊茎は冬のために乾燥させて保存する。クマ送りが行われる年の後半には、エゾエンゴサクの塊茎がクマに供される御馳走の大切な材料となる。したがって、集落の近くで採集できない場合、女性はかなり遠くまでこの塊茎を集めに行く。

その次に大切な植物はギョウジャニンニクであり、これは七月から八月中旬まで採集される。アイヌはギョウジャニンニクの香りを大切にし、刻んだものはたいていの料理に欠かせない食材である。さらに、シャーマニズムの儀式（トゥス）では、乾燥させたギョウジャニンニクを用いなければならない。また、これは婦人病の妙薬と考えられている。青い葉よりも味が良い白い塊茎を壊さないように、掘り棒で慎重にギョウジャニンニクを掘り出す。冬になると大量のギョウジャニンニクを集めて干して保存する必要があるため、採集に何日も費やす。天気が漁に適さない場合は男性も参加する。ギョウジャニンニクはしばしば上流の川岸に近い草原に生えているため、二〜三の舟に乗った男女が朝早くに集落からギョウジャニンニクを採りに川をさかのぼっていき、夕方に戻ってくることがある。ギョウジャニンニクを集めている間、彼らはしばしばギョウジャニンニク畑の近くの川の浅瀬に網を仕掛け、昼食に網で捕らえた魚を調理する。おそらくギョウジャニンニクを宗教的に使用しているため、ギョウジャニンニクを採集した一日の終わりに供物をささげる簡単な儀式を行わなければならない。その場所を離れるとき、各人が数本のギョウジャニンニクを取り、それらを三つに折って、山の神々への捧げ物として一つずつ別の方向に放り投げなければならない。彼らが湖を横切って行ったり、舟で岸沿いに行ったりした場合に、舟から降りると儀式を行わなければならない。この時は海の神々に対して行う。

ギョウジャニンニクの季節が終わるやいなや、女性たちは他の根を集めるのに忙しくなる。八月後半にはクロユリ、八月下旬から九月にかけては、キウ *kiu* と呼ばれるオオウバユリの塊茎を採る。クロユリの球根を集めることは、アイヌにとって大きな行事であるが、前述のマスの燻製のように楽しいひとときでもある。北西海岸のオロンナイポ *Oronnaypo* と呼ばれる場所には非常に良いユリの群生地がある。[37] そのため、種々の集落の女性が、漁を休むことができる男性に伴われ、この場所にやって来る。かつてそこには小さな集落があったが、フシコの時代には一つの家を共同利用していた二家族しかいなかった。

十日間程度、もしくは一年分のユリの塊茎が採集できるまで、空の家に泊まり込む。いろいろの集落から来た若い男女が集まるので、みんなにとって楽しい時期であった。後に日本の漁場がこの地域に入ってきたとき、日本の漁師たちは夕方に彼らを訪問した。

八月と九月は様々な漿果類を摘み取る時期で、この活動は最初の雪が降るまで続く。アイヌはだいたい一六種の漿果を使うが、全て調理用である。そのため、漿果類もまた大量に採集し、ほとんどは乾燥させて冬用に保存する。

塊茎、漿果類、その他の食用・薬用植物の採集を続ける一方で、初雪が降る頃の最も重要な活動の一つは、イラクサの採集である。毎日イラクサの茎の束を集め、夕方には糸を作るために処理しなければならない。この植物は衣服の主要な原料の一つとなっている。

前述したいくつかのものに加えて、アイヌは漿果、キノコ、木の実、海草のほか、約一〇〇種類の食用・薬用植物を採集する。アイヌにとって薬草としての利用は、食用、衣服用繊維としての利用に次いで、三番目に重要である。しかし、植物の他の用途も同様に重要であり、生活の様々な用途に応える。植物の興味深い用途のいくつかの例は、少なくとも部分的に植物とその使用法に関してアイヌが該博な知識を有していることを示している。

夏の間、アイヌはワタスゲのような植物を大量に採集して保存する。冬の間、この草を靴の中敷きにして足を暖かく保つ。同様に、我々がティッシュペーパー、トイレットペーパー、生理用ナプキンを使用するような場合、夏の間、アイヌはヨモギとコジャクの香りがする葉を使用する[38]。冬の間、アイヌは同じ目的のためにハマナス[39]またはヤナギの細断された幹を使用する。家族に乳幼児がいる場合、ヤナギなどの幹の腐った部分をスポンジ状にして、手で揉んで潰して粉にする。次に、粉末を子イヌまたはウサギの皮で作られたおしめに入れる。同様に、シラカバの木の腐った部分を粉末状にして、火口として使用する。家や倉庫を建てるとき、沼地の苔や地衣類を隙間を充填するのに使用する。木の根は乾燥され、舟を作る際の紐として使用される。ハマナスとカバフトツツジの葉はお茶用である。ハナウドは、夏に採集して乾かし、冬に雪の上に晒されるが、甘い白い粉が出てくるので、アイヌはそれを料理に使用したり、単におやつとして噛んだりする。オヤケマ・タンネ *Oyakema Tanne* と呼ばれる植物は葉が喫煙に適しており、ヨブスマソウの茎は美しい音色を出すのに適している。[40]

アイヌは動物が好む植物についてもよく知っている。例えば、クマの好物である植物を知っているため、これらの植物が生育している地域では細心の注意が必要である。アイヌは切り傷や火傷に松脂を使用しているが、これは負傷したクマが木についた松脂に体をこすりつけているのを観て学んだのだという。

「アイヌは理想的な生活を送っていて、ティッシュペーパーや中国や日本の衣服の素材などの『現代の便利さ』に頼る必要はない」とフシコがしばしば口にしたのも不思議ではない。

植物に大きく依存しているにもかかわらず、基本的にアイヌは植物は動かないもので無力だと考えているため、神とは見做していない。その代わりに、アイヌは、植物が生育する領域のそれぞれの部分に存在する神々がその植物の支配を行っていると考える。したがって、アイヌは、例えば植物を山で採集しているとき、山の神々にしかるべき敬意を払う。北西海岸のアイヌの植物に対するこうした態度は、植物を神と見做すと報告されている他地域のアイヌ（北海道と樺太の両方を含む）の態度と異なる（第六章)。

アイヌの植物世界の最も興味深い側面は、アイヌの植物名は植物の根、茎、葉などの一部分に付けられたもので、そのほかの部分には名前が付けられていないということである。したがって、アイヌ語のハハ *hah* という言葉は、ニンニクのように鱗片の層で構成されるクロユリの鱗茎を意味する。この用語には、植物の他の部分は含まれない。さらに花弁は、ハハピ *hahpi* と呼ばれる小さな花びらとハハキテ *hahkite* と呼ばれる大きな花びらの二種類に分類される。冬用に花びらを乾燥させるために、アイヌはこれらの二種類の花びらを別々に異なる方法で処理するため、異なる名称が与えられている。植物の中には部分ごとに異なる用途に使われるものがあるためアイヌは同じ植物の異なる部分に別々の名称を与える。そのため、フキの茎は煮て食べるものでルウェキナ *ruwekina* と呼ばれるのに対し、葉はコリヤム *koriyam* と呼ばれ、雨具や鍋として使われる。二枚か三枚の葉を根元で結んだものを傘として使用する。フキの耐熱性と防水性をもった葉は、即席の鍋としても使用される。アイヌは数枚の葉っぱを円錐形に折りたたみ、根菜やその他の食物を入れて火にかけて調理する。アイヌはどんな植物の花にもほとんど用途を見出していないので、名前が付けられていないままであることもしばしばで、ほとんど注目されていない。したがって、これこれの植物が「ピリカ *pirika*（見た目がよい）」であるとアイヌが言うとき、それはその有用な部分がよく発達していて、その意味で注目に値することを意味する。この用語は、我々の言う「美しい」という意味ではない。アイヌの植物名の正しい理解は、アイヌであり、優れた言語学者・人類学者である知里真志保教授によって最初に指摘された（知里真志保の人生とアイヌ研究への貢献については、Ohnuki-Tierney 1973b を参照)。

第三章　屋内での日常生活

この章では、住居の内外におけるアイヌの日常生活を扱う。これはすなわち、男性が狩猟や漁撈をしておらず、女性が植物採集を行っていないときということである。まず環境、つまりアイヌの住居とその周辺の説明から始める。あらゆる文化において、人々は住居やその周辺の様々な場所に異なる価値観や意味を与えている。さらに重要なことは、社会の成員は概して、それぞれの場所に応じた相応しい行動をとることである。例えば、空間の形而上学的な意味を強調しないアメリカの文化においても、裏口から正式な客人を迎えることはない。通常、部屋の中では客人が知人のいる前で普通の声量でトイレの場所を尋ねることもない。様々なことが遠回しに表現されるように、その部屋自体がある一定の意味を持っているのである。

アイヌの住居

全てのアイヌの住居に部屋は一つしかないが、住居とその周囲のそれぞれの部分には、特有の価値が付加されており、アイヌの行動を規定している。以下では夏の家とそれをとりまくすぐ近くの環境（図三）に焦点を当てるが、同様の一般的な規則は冬に用いられる半地下式住居にも適用される。すでに述べたとおり、この半地下式住居は、二〇世紀に入る頃に使用されなくなっている。アイヌの基本的なル

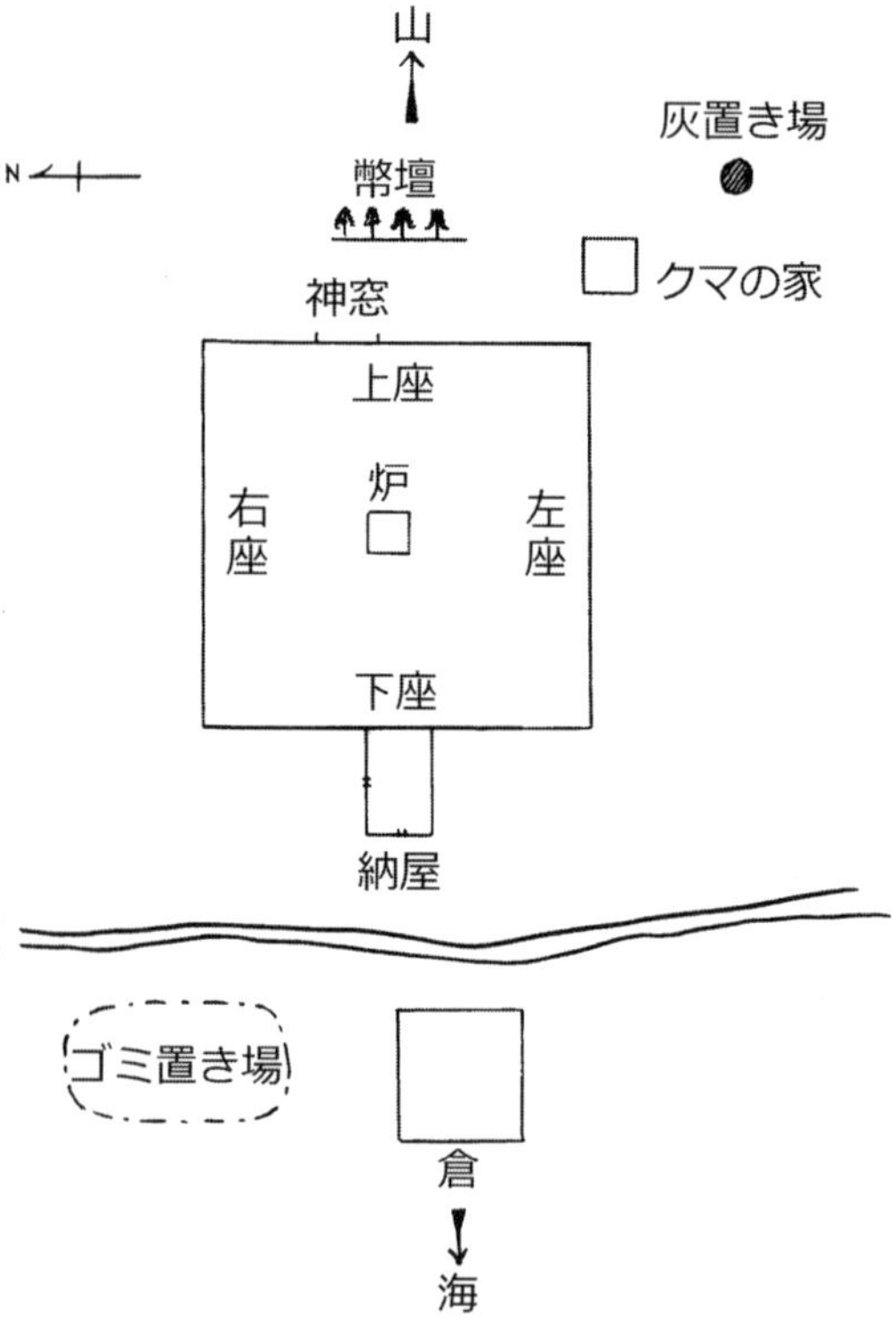

図３．アイヌの住居

▲1906年の東海岸内淵村におけるアイヌの集落。どこのアイヌの集落でも見られるように、アイヌの家々（左）と貯蔵場／倉（右）の間に道が通っている。奥の方にロシア式の丸太小屋が見え、外来の影響を受けていることを示唆している（内淵川右岸のロシア人集落）、（山本利雄氏提供）

ールは本質的に宗教的であり、山がアイヌの宇宙観において最も神聖な部分だと考えられているという事実に関わっている。なぜなら、山は「アイヌの神々の中でも最高神である」クマを含めた山の神々が住んでいる場所だからである。したがって、すべての家は、聖なる側を山の方向に向けて建てられている。アイヌにとって、家の「正面」はこの聖なる側であることに注意することが重要である。アイヌはこの側の壁に神窓を設置し、すべての神々、すなわち神格化された動物をこの神窓を通して家に運びこむ。神のみが「正面」からアイヌの住居に入り、炉と正面の側の壁の間に着座、つまり「鎮座する」のである。人間の中でこの場所に座ることができるのは、訪問してきた男性の長老に限られている。こうしたアイヌによる方角をより機械的な用語に翻訳すれば、アイヌ住居の聖なる側は、樺太西海岸では東に、東海岸では西になる。

次に重要なのは、北に対応する方角である。ここは家の主人とその妻が座る場所で、シーモンソー *si:monso:*（右座）と呼ばれている。アイヌは、仰向けになって頭を山の方向に向け、右手を北の方向に伸ばした身体として住居を捉えている。全てではないが、世界中の多くの民族と同様に、アイヌは右手を左手よりも神聖であるか、優れていると考えており、家のこの側をアイヌ語で右手の座と呼んでいる。アイヌ語で「右」は「正しい」も意味している。

これら二つの最も神聖な方向の間には、北東にあたる重要な方角がある。それゆえに、神窓は、聖なる山の側の壁でも北の方に向いたところに置かれる。さらに、家の神の木幣は家の北東の隅に立てられ、囲炉裏の媼（火の女神）の木幣は囲炉裏の北東の隅に置かれている。

南と西に当たる側には対照的な意味合いがある。そのため、家の南側には若い男性が座るのに対して、家の西側にはアイヌ社会で最も低い地位にある若い女性が座る。海岸に面した西側は、東側にある正面とは反対に「背」面となっている。

これらの方向に対する価値付けは、住居の外にまで拡がっている（図三）。したがって、家から近いところに聖なる幣壇がある。この幣壇は、削りかけのついた木幣で飾られた柵状のものである。アイヌはシャーマニズムの儀式を除く全ての儀礼をこの幣壇で執り行う。非常に神聖な場所なので、この付近にいる時は誰もが静かに歩き、穏やかに話さなければならない。女性はこの場所を横切ってはいけないことになっている。同様に、クマの家と炉の灰置き場はこの領域の北東半分に位置している。囲炉裏の灰は火の媼神を象徴したもののようで、灰置き場はいわば火の媼神の神聖な墓を意味している。時々アイヌは囲炉裏の古い灰を儀礼的に取り除き、それを山に持って行く。この儀式によって女神が蘇生すると考えられている（第六章）。

▲二つの炉がある裕福な人の家（山本利雄氏が古老の監修のもと描いたもの）

対照的に、家の南と西の領域には、より世俗的な性格が割り当てられている。したがって、ゴミ置き場は狭い道を挟んで家の西側に位置している。ただし、ゴミという用語は誤解を招くものである。なぜなら、アイヌのゴミは、動物の骨や壊れた物体といった、我々がゴミと考えるもののほとんどが含まれていないからである。アイヌにとって、宇宙のほとんどの存在の骨は、これらの存在の「身体」を表している。そうしたものを適切に扱わないと、それらの魂は安らかに休息することができないためにアイヌに良からぬことをすることがある。また、神格化された動物が、生まれ変わってアイヌを訪問できなくなる、つまり、アイヌが狩猟でそうした動物に出会えなくなる。それゆえ、それぞれの「種」の骨は、適切な場所で大切に納めなければならない。例えば、クマの骨は集落が共同で所有する山中の「祭壇」に納める必要がある（第六章を参照）。アイヌのゴミには、植物の利用できない部分や木彫で残った木片のようなものだけが含まれる。実際、この慣習は、文化全体はもちろんのこと、アイヌの食生活の全体を再構築しようとする考古学者にとって間違いなく困難な課題を提示するであろう。

アイヌが「ごみ」と定義するごみ捨て場があることのほかに、家の西側はアイヌのトイレにあたる場所でもある。しかし、その目的のために特別な設備を建てることはなかった。そのため女性は、太陽と月の女神に晒さないように、特に注意してこの領域の草の下に血で汚れた草を隠さなければならない。そうしないと、太陽と月の女神を不快にさせてしまうからである。アイヌは「ゴミ」の領域に関して、この行動規範を細心の注意を払って遵守している。それはアイヌ自身が「汚れた」物体と接触したくないというよりは、これらの物体が神々にとって不快なものであるからである。それゆえに、アイヌの住居に近接する環境のうち北東半面に置かれる宗教的なモノから明確に分離されなくてはならないのである。

人間の食物もアイヌの空間のうち世俗的な領域に置かれなければならない。そのため、家の西側に前述の納屋が併設されており、細い道を挟んで家の西側には別建ての高床式の倉がある。前小屋は、人間のための家の入り口であることのほかに、薪、予備の靴、干し草、道具のようなものを保管する場所である。冬の間、アイヌは雌犬と子犬もここに留めておく。雄犬は常に貯蔵庫の外の竿につながれている。高床式の倉には、干したり燻製した魚や肉、乾燥させた植物のような冬に用いる食料を貯蔵している。

日々の仕事

アイヌは、空間環境と同じく、時間も分割してそれぞれの領域に価値と意味を割り当てている。それゆえ、一日は人間に割り当てられた「明るい日」（昼間）と、神や化物の活動に割り当てられた「暗い日」（夜）に分けられる。昼間はさらに分割されており、すべての宗教的な事柄は朝に行われる必要がある。そして、それは日の出から正午前まで続けられる。この時間帯には日月の女神の機嫌がよいため、アイヌからの言伝を他の神々に届けることができる。アイヌの一日は日の出にソリ犬が吠えるときに始まる。アイヌによると、ソリ犬はお昼と一日の終わりにも吠えるという。本書で記述する時代には一日三回食事をとることが習慣となっていたが、伝統的な生活を送っていた時代には、アイヌの人々はお腹が減ればいつでも、何回でも食事をしていたらしい。ソリ犬は食事の時間を知らせるというより、宗教的な性質を持つその日の区分を知らせる時報として機能しているため、アイヌの活動に大きな影響を与えている。

男性の仕事―木彫とソリ犬の世話

天候が狩猟や漁に適していないとき、薪取りや様々な木彫をしたり、ソリ犬の世話をしたりする。冶金はもともとの技術にはないものであった。[41] 土器はかつて製作・使用されていたが、最近のアイヌはそれを使用していたことを覚えていない。*（65ページ） 木材は最も広く用いられている天然素材である。アイヌは、木釘や木の根か細長くしたアザラシの皮から作られた紐を使って、舟や住居といった非常に大きいものから非常に小さな道具に至るまで木材を使って製作する。彫刻技術の最高峰とされているのは、箸や匙などの持ち手の先に付いている装飾用の鎖である。二つか三つの非常に小さい鎖は、一つの木片またはサケの犬歯から彫り出される。

男性だけが宗教的な物体を彫ることができるため、木彫における男性の役割の重要性はさらに強調されなければならない。女性がそれを行うことは厳格なタブーとなっている。したがって、男性は多くの木幣を削り出す必要がある。それはすべての神々が欲しがるものであり、あらゆる儀式で捧げる必要がある。木幣は神聖な供物であるので、男性は朝に木幣を削り出さなければならない。トンコリ *tonkori* と呼ばれる五弦琴も神と呼ばれ、男性が製作しなければならない（第六章を参照）。出来上がると、製作者は中空部分に小石を置くが、これが楽器の「魂」と見なされる。それから製作者はトンコリの「首」の周りを色のついた小さい短冊形の布と鐔で飾る。アイヌの文化芸術では、宗教やその他の「側面」は区分されておらず、木製品のほとんどは、実用的、美的なものであると同時に、宗教的目的に応えるものとなっている。男性は、木製品に刻まれた複雑なデザインだけでなく、美しい姿を作り出すことも誇りに思っている。このように、アイヌが毎日使う鉢や匙でさえ、優れた芸術作品となっている。アイヌは、木幣が神々のお気に入りのものであるがゆえに美しいものだとしている。

アイヌの彫刻について大きな誤解があることをここで指摘しなければならない。北海道観光がブームとなるのに伴って、多くの日本人がクマの木彫りをするアイヌ男性の姿を目にしてきた。そして、多くの木彫りグマを観光客が持ち帰っていった。しかしながら、この現象は日本政府のアイヌ植民地対策の一環でアイヌに「現金」を稼がせるようにする対策の結果であった。第二章で述べた交易目的でクマの毛皮を使用するようになったのと同様のものである。実際、クマの木彫りのアイデアはスイスから来たもので、一九二〇年頃、アイヌが自らの木彫技術を使って余分にお金が稼げるように、和人が北海道旭川のアイヌに紹介したのだった。それ以来、このクマの木彫りは広く普及した。[43]

この問題に関して私が調査を開始したのは、フシコがクマの毛皮を使用したり、クマの姿を彫ることがタブーであると繰り返し強調したからである。しかし、私は北海道と樺太のほぼ全域のアイヌが最近ではクマを彫り、クマの毛皮を部外者に手放していたことを知っていた。これは、多くの点で北西海岸のアイヌが他のアイヌよりもはるかに長い間、伝統的な生活様式を維持してきたことを示すもう一つの例である。確かに、クマがアイヌの宇宙で最も神聖な存在であることを理解すると、これらのタブーをより容易に認識することができる。そうしたタブーは、神々の名前を大声で発し

▲木幣を削る長老（山本利雄氏提供）

＊木製品のほかに、アイヌはかつて土器だけでなく石器や骨角器を作製し使用していた。しかし、北海道と樺太のアイヌは土器を使用していたことを覚えてさえいない。さらに、アイヌはみんな、かつて自分たちの土地には非常に背の低い人たちがいて、その人たちが現在自分たちの集落の周りで見つかる土鍋を作ったのだという伝説を楽しんでいた。北海道各地と樺太のアイヌは、これらの小さな人々は自分たちの祖先ではないと研究者たちに語った。しかし、樺太北西海岸のアイヌは、その小さな人々が世界の初めに住んでいた自分たちの遠い祖先であると主張した。土器を使用していたことに関する記憶の欠如は、小さな人々に関する伝説と相まって、かつて「謎めいた」アイヌの正体を解明しようとしていたアイヌ学者たちを困惑させた。アイヌが到来する以前に日本列島に別の人種がいたのではないかと主張する人もいた。しかし、日本の考古学者である鳥居龍蔵教授は、一八九九年の北千島への訪問中に、千島アイヌの先祖が骨角器と石器、土器を使用し、半地下式住居に住んでいたことを学んだ。アイヌ文化研究者の間では、土器はすべてのアイヌがかつて使っていたが、樺太と北海道ではかなり早くから輸入された金属製品がそれに取って代わり、千島アイヌの間では最近まで使用されていたということが一般に認められている。

たり、家に自分たちの神々を物質的に表現したものを置いておくことに対するタブーなど、他の宗教的なタブーとも一致している。二つ目のタブーによって、アイヌは交易を通して手に入れた龍の刺繍が入った中国製の衣服をすばやく処分した。龍は天空の重要な神の一つである。これに対する唯一の例外は、木片から彫り出された小さなクマの頭で、クマ送りの際に使用され、世代から世代へと受け継がれるものである。それはクマの頭を写実的に表現したものというよりは神を象徴的に表現したものである。

男性のもう一つの重要な仕事はソリ犬の世話である。犬ゾリ[44]は、樺太アイヌの生活に欠かせないもので、雪が降り積もる冬には唯一の移動手段となる。北海道アイヌは犬ゾリを使用しなかった。儀礼のために育てられる子グマと子ギツネを除けば、イヌはアイヌの唯一の家畜である。イヌはまた儀礼のときに犠牲として用いられる唯一の動物である。狩猟または儀礼でクマが殺されるときにはいつも犬をお供として犠牲にしなければならない。強い雌犬はソリ犬として使役される場合があるが、前述のように、イヌは食料や衣類の供給源としても欠かすことができない。その場合には、雌イヌと子イヌだけを用いる。雄イヌは子イヌの時から優れたソリ犬になるように注意深く訓練されている。大人も子供も訓練中の子犬たちがソリを引く間、よろめいたり転んだりするのを見て楽しんでいる。こうする間にアイヌは犬の利き肩が左か右かを判断する。ソリには左右同数の犬が必要である。アイヌはまた、それぞれの犬をチームの適切な場所に配置できるよう、犬の気質と知能を注意深く観察する。

アイヌの男性はオス犬に対して二種類の手術を行う。[45]一つ目は、ソリを引くために必要なエネルギーは尾によって浪費されると信じられているため、子犬の時期に尾を切断する。アイヌは、尻尾の付け根の周りに布裂と紐を固く縛りつけ、二つの指の関節で尾をはさんで切り落とす。

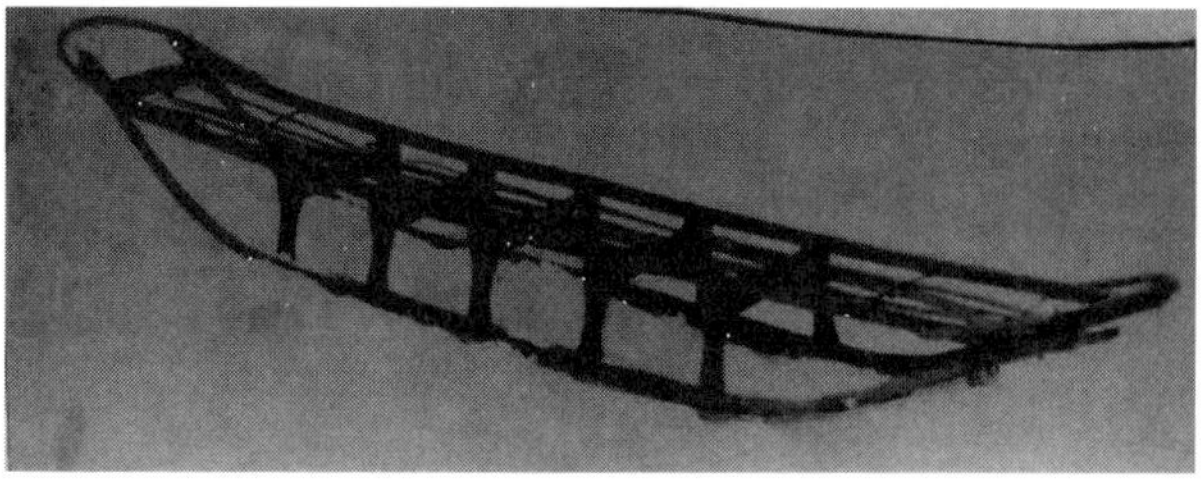

▲ソリ（山本利雄氏提供）

もう一つの手術は去勢で、特に暖かい夏の日になされる。それは、暖かいときの方が手術からの回復が早いと考えられているためである。そのうえ、夏の時期には、犬の仕事が比較的少ないことが挙げられる。手術がうまく行われないと犬が死んでしまう可能性があるため、ごく少数の手慣れた男性（通常は年配の男性）がすべての犬の去勢手術を担当している。最初に、犬に木片をくわえさせ、口輪をはめる。次に陰嚢の周りを切開する。睾丸が出てくると、腱が身体に残るように、血管を切断しないように睾丸を切除する。しかし、去勢手術の際には儀礼は行われず、睾丸は路傍に廃棄される。犬の抱き役がいるので、一人の男性は一日にたくさんの犬に施術することができる。いずれかの手術の結果として犬に軽い出血が見られる場合、人が傷をした場合と同じく、シラカバの樹皮にエゾマツの樹脂を塗ったものを包帯のように傷の上にあてる。去勢も、犬が最大限の力でソリを引くのに必要なエネルギーを保持するのに役立つと考えられている。

アイヌは選抜育種を行うが、これには先導犬が用いられる。したがって、先導犬の場合、通常は片側だけに去勢手術を行う。強い雌犬は繁殖のために守られる。

ソリの大きさと旅程距離に応じて、こうした大切に育てられ訓練された犬のうちのだいたい一五頭までが、綱でソリに左右交互に繋がれる。最も重要なのは先導犬で、チームの中で最も賢いが、最も力のあるものだとは限らない。樺太の冬にはよくあることだが、雪が深く積もっているとき、先導犬は道に迷わないように深い雪の下の地面の匂いを嗅がなくてはならない。先導犬は単に操縦者からの命令を受けるだけでなく、自ら判断を下すこともある。それゆえ、ソリの旅が始まろうとしているのに先導犬が出発に応じないとき、先導犬が嫌がっているのは、湖の氷が薄くなっているというような自分たちの行く先にある危険を感じとっているからだと考え、旅を取りやめる。チームには、他に特別な役割を持った犬が二頭いる。副先導犬と、ソリの最も近くに繋がれている最も力の強い犬である。ソリ犬は常に屋外にある木幣で飾られた竿に繋がれている。犬たちは夏には直接に地面の上や積んだ草の上、冬にはトドマツの枝の上で眠りにつく。

ソリと舵にはシラカバ材を使用し、ソリの接地部分には滑子としてクジラの肋骨を張り付ける。ソリ、犬、その他必要な道具全体をまとめたソリ全体をアイヌ語でヌス *nusu* といい、父から息子へと受け継がれるアイヌ男性の最も貴重な財産の一つである。しかし、ヌスの全てを一人で所有していることはめったにない。それよりは、集落の長がソリと数頭の犬を所有し、一般的な集落構成員は二、三頭の犬と短距離での移動にのみ適した小型のソリを所有していることが多い。大規模な旅を行う場合には、全世帯が犬を提供し、これは村全体の取り組みとなる。そのため大規模な旅は事前に計画しておく必要がある。旅の前の日には、女性は雪を溶かして作った水で干し魚を調理し、それを犬に与えなくてはならない。旅の途中、犬には干し魚だけを与える。激しい労働をしているときに液体を摂取すると胃の調子が悪くなると考えられているため、液体を与えてはならない。出発する直前に、細断されて先端が木幣になったエゾマツの枝で清める必要がある。特に先導犬は、色鮮やかな首輪と鈴で飾られている。男性はソリに乗るためにスカート状のアザラシ皮の袴を着用し、太ももを覆う。ソリの所有者は、しばしば一行のリーダーでもあるが、二匹のキツネの尻尾から作られた特別な帽子をかぶる。出発時に、一行のリーダーは丘の頂上もしくは集落の最も高い場所に走っていき、残りのメンバーにソリと犬と共に集合するように合図を出し、旅を開始する。男たちはソリにまたがり、底にアザラシ皮を張った木製のスキーを履いている。必要に応じて、男性はスキー板を使ってソリの速度を調節することができ、時にはソリから降りて犬を誘導する。冷たくさわやかな空気の中で鈴が鳴るのを聞きながら、美しく飾られた男性と犬がソリの旅に出発するのを眺めるのは、集落の人々にとって確かに壮観な出来事である。一行の旅からの帰還は誰にとっても波乱に富んだものであり、女性は男性のためだけでなく犬のためにも食事を準備して戻ってくるのを待っている。

夏の間、ソリ犬がすることは比較的少ない。しかし、荷物を遠方の場所に届ける必要がある場合は、海や湖の岸に沿って男性が舵をとる舟を引くのに使われる。これは、海岸に岩が比較的少なく、水が穏やかな時でなければできない。

女性の仕事―裁縫、機織り、料理

女性は屋内で食事、衣服、家族の世話を中心に展開するおびただしい量の仕事を行っている。ここでは調理と衣服の制作について説明するが、育児については次章の「人の一生」で説明する。男性の仕事が比較的少ない寒期に女性は多忙を極めている。彼女らは、この寒い気候の中で、様々な種類の衣服だけでなく、被り物や手袋も含めて、一年分の衣料品全てを準備しなくてはならない。衣服は三種類の素材で作られている。一つ目は植物（アイヌ語でハイ *hay* と呼ばれるエゾイラクサ、アイヌ語でアハ *ah* と呼ばれるオヒョウ）、二つ目は獣皮（主にアザラシとイヌの毛皮）、最後は魚皮である。鳥の羽を樺太アイヌは使用しなかった。最も大切にされているのはテタラペ *tetarape* と呼ばれるもので、アイヌ語で「白いもの」を意味する。これを制作するのは最も時間がかかる。この衣服はエゾイラクサ（*Urtica Takedana* Ohwi）のみで作られ、加工されていないときはチクチクする。先に述べたように、初雪の降るころである十月中に、女性がこの植物の束を集める。夜、ニシン油の燃える貝殻製の灯明の側で、彼女らはピパ *pipa* と呼ばれる二枚貝の殻で外皮をはがす。彼女らはイラクサを束にし、乾燥させ、一月までそれらを貯えておく。次に、イラクサの繊維が真っ白になるまで、長い晒しの工程を行う。まず、ぬるま湯に浸し、繰り返し雪の上において足で踏みつけて、最後に竿にかけて乾かす。晒しの工程をすべて終えるのに二ヶ月ほどかかる。次に、織ってテタラペにする前に、繊維から糸を作る必要がある。以上のすべての作業を行わなければならないにも関わらず、アイヌの女性たちは長老たちの特権であるテタラペを作るのに一生懸命である。しかし、フロオチ（幌千）のような地域ではこの植物が非常に豊富である一方、衣服に使用されるもう一つの植物であるハルニレはあまり生育していなかったので、若い男性でもこのイラクサ製の衣服を着ていた。

植物性の衣料用繊維としてはるかに時間のかからないのは、オヒョウ（*Ulmus laciniata* Mayr）の樹皮のすぐ内側にある内皮である。男性は（時々女性が加わる）オヒョウの木から内皮を剥ぐために森へ行く。女性がそれをだいたい一週間から十日間海水に浸し、その後で乾燥させる。それまでに、樹皮の各層は半紙のように剥がれ、アハルシ *ahrus* と呼ばれる衣服を織る準備が整う。オヒョウの繊維はイラクサ製の糸ほど強くないため、機織りの際にイラクサ製の糸は通常、横糸として使用され、オヒョウ製の糸は縦糸として使用される。オヒョウの樹皮を主原料とする衣服は、若い男女が着用するが、年長者でも日常着にしている。

オホコ *ohko* と呼ばれる冬の衣服は、女性のみがアハルシの上にまとうもので、アザラシの皮から製作されている。アイヌの女性は、アザラシの腹部の白い毛皮と背中側の黒い毛皮を巧みに配置し、美しい模様を作り出している。アザラシ皮は、男女の靴にも使用される。男性、女性、子供が着用するもう一つのタイプの衣服は、通常約八ヶ月のメスの子犬の毛皮でできている。犬の皮は、雪がくっつかないという点で、キツネなどの他の獣皮よりも優れている。前述のように、クマの皮の使用は宗教的に厳格なタブーである。

衣服、カバン、靴のもう一つの重要な素材は、サケと三種類のマス（アイヌ語でヘモイ（カラフトマス）、チライ（イトウ）、トゥクシシ（アメマス））といった大型魚の皮である。アイヌの女性は頭と尾を切り落とした後、皮が簡単に剥がれるようになるまで魚を干す。特別な機会に女性が着用する衣服を作るには、約四〇〜五〇匹の成魚が必要である。絹と綿が輸入されたことにより、もともとのレパートリーから魚皮衣が最初に姿を消した。フシコは、クマ送りの晴れ着として魚皮衣に身を包んだ女性を一度だけ目にし、その女性が皆から賞賛されたことを覚えている。魚皮のカバンも同じ運命をたどり早くに消えてしまった。しかし、魚皮靴は、ずっと長く用いられた。一九三〇年代の初め以来、男性はたいていの場合に日本製のゴム靴を使用していたが、テン猟には魚皮靴を使用し続けていた。草で断熱された

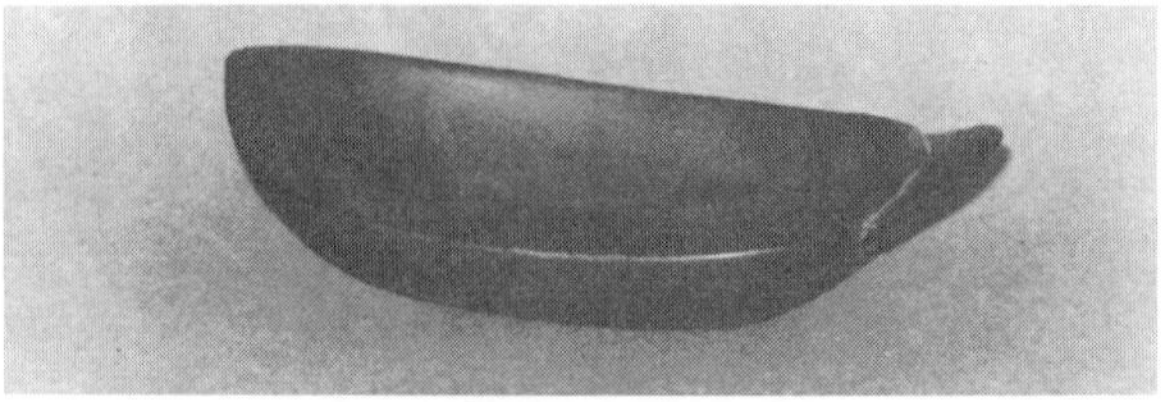

▲舟の形をした食器（山本利雄氏提供）

▲オホコを着用してイラクサを撚る白浜の女性（山本利雄氏提供）

▲アザラシ皮製の衣を着た東海岸の女性（山本利雄氏提供）

▲女性用の魚皮衣（背面と前面）（山本利雄氏提供）

これらの靴は暖かく、凍ることはなかった。したがって、女性は魚皮靴を作ることが自分たちの最も重要な仕事の一つだと考えた。彼女らはチライ（イトウ）の皮を注意深く乾燥させる。魚皮靴一足を作るには、大きなものが一匹と小さなものが一二匹必要である。

一部の衣服は前開きだが、他のものには、いわゆる中国風の立襟がある。衣服の形式は男性、女性、子供とで変わりはない。前述のように、性別と地位の違いを示すのは衣服の素材である。例えば、イラクサ製繊維の衣服は男性の長老だけが着用する。また、装飾の文様に使われているデザインと色の豊富さも、これら性別と地位の違いを示すものである。したがって、男性の長老の衣服は、赤をふんだんに使用した数多くの文様で装飾されたものでなければならない。赤色（色相で濃い赤やほとんど茶色のものから明るい赤までの幅を持つ）は、ハンノキの樹皮を入れて赤くなった水に材料を浸すことによって染められる。男性の長老の衣服とは対照的に、女性の服は文様が少なく、赤は見られない。これらのデザインは、複雑で美しいだけでなく所有者の社会的地位を象徴的に表現しており、織り込み、切伏、刺繍のいずれかがなされている。デザインの基本単位があり、それを組み合わせて型紙や線画なしに女性は自分自身の文様を作り出す。

アイヌは特別な機会のための晴れ着を用意しない。樺太東海岸のシャーマンはウイルタとニヴフからの影響で精巧な道具を備えた特別な衣服を着ているが、北西海岸ではシャーマンも特別な衣装を持たない。クマ送りには誰もが新しい衣服を準備する。そしてこのことが、この最も神聖でありながら最も楽しい儀礼に大きな期待を抱かせている。

夜具は、昼間の衣服より少し大きめに作られ、暖かい犬の毛皮でできている。就寝の際には、アイヌ

▲北西海岸ライチシカ村の長老ヌーマキシランケ（1940年頃）
アイヌ語でテタラペと呼ばれるイラクサ製の格式の高い衣服をまとっている。（山本利雄氏提供）

▲フシコによる刺繍

▲文様の基本的なパターン（山本利雄氏提供）

は壁の横の高くなった台の上に草を敷く。次に茣蓙と、大人にはトナカイの皮、子供にはジャコウジカの毛皮を敷く。暖かい夜具を身に着けていれば、上からさらに何かをかける必要はない。非常に暖かい夜には、砂浜の隣の草原で片方に男性、もう片方に女性が横になる。浜辺で一夜を明かすのは楽しいものだった。

衣服を作る他には、女性はスゲを使った茣蓙織りもしなければならない。これらの茣蓙には多くの用途がある。布団としてだけでなく、グルグル巻きにして枕としても使うことができる。風除けとして戸口に吊るしたり、刀やその他の宝物の入れ物として使用することもある。アイヌは椅子を使わないので、茣蓙が屋内で敷物として用いられている。家の中の壁には茣蓙が掛けられていて、隙間風を防いでいる。この隙間風は海岸沿いの集落のそれほど頑丈に作られていない住居にたいてい共通する問題である。海岸沿いの集落には日本海から強い風が吹きつけることもしばしばである。これらの壁に沿ってめぐらされた茣蓙は室内の装飾としても役立ち、儀礼の際にも同様の目的で用いられる。こうした目的で使用されるため、女性は色柄を複雑なパターンで織り込む。模様は、着色されたオヒョウ内皮の紐で作られている。これは、前述のように、衣服にも使用される。儀式の際に最も重要な色である赤は頻繁に使用される。そのために、前述の如く、オヒョウの繊維はハンノキの樹皮の入った水に付けて染色される。鮮やかな赤に染めるためにアイヌの女性は、エノノカ *enonoka* と呼ばれるコケモモの実をつぶした液汁を使用する。黒（色相で言う灰色から濃い青までの範囲と黒）は、砕いたクラシノ *kurasno*（ガンコウランの実）をつぶした液汁から得られる。黄色はキハダの一番外側の樹皮から作られ、赤い染料を準備するときと同様に、水が黄色くなるまで浸しておく。

男性が料理することはタブーであるとか男らしくないとかとは見なされていないが、料理は女性にとってもう一つの重要な活動である。女性が植物採集に忙しいとき、男性（特に若い人）が料理を行う。炒めたり油で揚げたり、火で焼いたりといった方法はとられていない。茹でたり煮込んだりすることでアイヌは食材をじっくりと調理する。アイヌは生肉食を忌み嫌っており、生食はクマ送りの際に血と脳を儀礼的に口にするのみである。ただし、北海道アイヌでは生食の利用が広がっているという。アイヌが火を通した食べ物を好んでいることは、生食という「野蛮」な習慣を持つニヴフ、ウイルタ、和人といった近隣の民族を嫌う理由として働いている。

アイヌの食事は、寒期と温期で大きく異なっている。長い冬を乗り切るためには、大量の干し魚や乾燥植物で食事を補う必要があるが、冬の間は、夏よりも陸獣と海獣の肉を摂取することが多くなる。夏の食事は主に新鮮な魚や植物からなっている。アイヌが狩猟対象とする哺乳類のうち、クマ、トナカイ、キツネ、カワウソ、アザラシは肉に脂が豊富に含まれているため、特に大切にされている。もう一つの重要で好ましい肉の供給源は雌犬である。鳥は食用となるものは少なく、食べることがタブーでさえある種類もある。ただし、カモメ、カラス、ウ、ライチョウなどの鳥はよく好まれている。

アイヌ料理の基本ルールは、主たる食材を混ぜないことである。したがって、肉、魚、植物（香草を除く）は別々に調理されるだけでなく、それぞれの動物が別の皿に盛りつけられなければならない。肉は骨がついたまま調理される。骨髄はとても人気がある。肉は、エゾマツの枝と昆布を入れた海水で調理する。この地域が日本の影響を受けてからは、新たに導入されたジャガイモを使って肉を調理するアイヌもいた。しかし、クマに関しては、肉と他の食材を混ぜることに対するタブーが固く守られている。

最高神の肉は他のもので汚染されてはならないのである。
アイヌは魚好きである。肉と同じく、春よりも秋の魚のこってりした味を好んでいる。アイヌは、他の民族と同じように眼球を食べないが、「ほほ」肉と眼窩の肉を大切にしている。また、魚のハラワタを楽しんでいる。みじん切りにしたギョウジャニンニクを入れた鍋一杯の魚のハラワタの煮込みはアイヌの本当の御馳走である。彼らのお気に入りの料理の一つは、チライ（イトウ）の皮から作られている。皮を適当な大きさに切り、海水に浸してから、皮が溶けてどろどろになるまで調理する。そしてそれをさらに木臼に入れて杵で突く。エノノカ（コケモモの実）やフートゥレヘ *hu:turh*（ツルコケモモの実）のような木の実を加えた後、その混ぜたものを屋外に置いた木製の容器に入れてゼラチン状の物質になるまで冷凍する。この冬のお気に入りの料理は、クマ送りの際にクマ神に供される御馳走の一つである。[46]干し魚はそのままか、水に浸した後、油（特にクマの油）をつけて食べる。これは携帯食の場合の普通の食べ方でもある。
植物性食品はそれ自体で料理を構成するため、肉や魚とは分けて調理される。それはアザラシ油かニシン油のいずれかで調理し、筋子のつぶしたものまたは白子を加えることが多い。主たる食材が根菜である場合、それはアナシシ *anasis* と呼ばれる。根菜はいつも加熱し、しっかりとつぶす。植物の葉と茎が料理の主な材料である場合、その料理は「チカリペ *čikaripe*」と呼ばれる。アイヌは特定の種類の粘土が風味豊かであると考え、植物料理に少量使用することもよくある。漿果もこれらの料理に加えられることが多い。[47]
食材を混ぜないというルールに加えて、アイヌの食生活で最も重要なルールは、前述のように、調理後に、動物や魚の各種の骨をそれぞれの骨を納める祭壇まで運ばなくてはならないことである。

女性にとってもう一つの心地よい日課がある。夏の間、女性たちは一日の初めに浜辺の隣の草原の端まで下っていき、海岸の見回りをする。植物採集の場合と同様に、彼女らの訓練された目は、食用となる海洋植物、貝、および他の小さな海洋動物など、岸に打ち上げられた有用なものを見つけることに向けられている。時折、まだ新鮮で食べられる死んだ魚や海鳥、海獣さえ見つかることがある。この北部の土地では、海岸の早朝の空気はひんやりとしてすがすがしく、多くの女性は早朝の海岸への散歩を楽しいことだと考えている。子供たちも、海岸で有用な物を見つける方法を学び、後には日中に流木、空の貝殻、瓶、その他の見知らぬ土地からの品物を見つけ、それらすべてを楽しいおもちゃとしてしまう。子供たちは食べ物を探したりもする。ある日、フシコと話していると、彼女の一〇歳の孫が海岸から興奮して走ってきた。彼はマシ *mas* と呼ばれるある種類のカモメを手に持っていた。このかなり大きな海鳥の肉は、夕食の席で思いがけない御馳走となった。さらに、その時は必要としている人はいなかったが、必要とする人がいれば、その鳥はアイヌ語でケーチマ[註25参照]と呼ばれる頭の皮膚の病気に最も効く薬となっていただろう。ケーチマに罹っている人がいる場合、食用に肉を取り除いた後、次に背中、頭、足、翼を取り除く。アイヌは脂肪の層が患部の頭の皮に直接触れるように鳥の胸を患者の頭の患部の上に置く。これを一晩頭に置いておくと患部を癒すと言われている。翌日これを水で洗い流し、ニシン油か犬の油のどちらかを塗った後、二、三日頭をフキの葉で湿布をする。

遊び、音楽、踊り、物語

多かれ少なかれ実用的な事柄に関係している前述の活動のほか、アイヌの生活は実に遊び、音楽、踊り、物語などの活動に溢れている。アイヌがヘチレ *hečire* と呼んでいるものには、ゲーム、スポーツ、その他の非実用的な活動が含まれている。植物採集中に草の根を結ぶことのような単純なものもヘチレとなる。このいたずらをする人は、結ばれた草で自分の後に来る人が転ぶのを見て「面白がる」。棒の束を空中に投げ、奇数本の棒(三、五、七など)をキャッチしたりするなど、いくつかの屋内での遊びは男女双方が行う。奇数本の棒を最も多くキャッチしたものが勝者となる。これらの屋内の遊びでは、多くの場合、勝った者には褒美として干し魚が与えられ、負けた者には罰が与えられる。罰則は、平手打ち、鍋の底からとった煤を顔やその他の部分に落書きするといったものから、様々な種類の使い走りに及ぶ。使い走りは、夏に遠くの泉から冷たい水を汲んでくるとか、罰を受ける者がクマが頻繁に出没すると知られている場所を通るなどである。ただし、負けた者も干し魚を受け取る。最も人気のある遊びは綱引きで、暇さえあれば行われる。だいたい一〇人がこの遊びをすることを決め、彼らに振舞うための料理を準備する集落の人々に知らされる。彼らは干しダラの頭かニシンの頭をいくつかアザラシ皮製の紐の一端につなぎ、集落を回って次々に家を訪問する。それぞれの家に着くと、魚の頭が付いたこの紐を投げ入れる。彼らがそれを投げ込むと、家にいる人々はすぐにその端をつかんで、外の人々と綱引きを始めなければならない。家の中に十分な数の人がいない場合、急いで柱か高くなった寝台の脚に紐を結びつける人もいる。とにかく、この遊びが終わったら、訪問者はおやつに招待される。

男性（特に若い男性）だけが行う屋外での遊びがいくつかある。アイヌはそれらをヘチレの一般的なカテゴリーに分類しているが、これらは遊びというよりも男の技と勇気を競うものである。これらの遊びでは、勝者が得るのは人々からの尊敬である。したがって、ある遊びの勝者は将来優れたリーダーになるとか、他の遊びでは優れたアザラシ猟師になるとか、さらに別の遊びではたくさんの女性を得ることができる、など言われている。最も大胆な競技は、集落で育てているクマを水浴びに川や海岸に連れていくため檻から出したときに行われる。若い男性は、他の男性が持っている綱で後ろから拘束されたクマに直接体当たりし、耳をつかみ、すぐに退却するよう促される。しかしこれは強制されるものではない。耳をつかむことに失敗した場合、クマは代わりにその男をつかみ、おそらくひどい怪我を負わせる。また、若者が体当たりするときにクマが後ろに下がった場合、若者はクマの前に転んで獲物になる可能性がある。男がこれをうまくやれば、将来偉大な指導者になると言われている。かつて、クマ送りの際、フシコの夫はそのおじの励ましでこれをやってのけた。しかし、二人は長老たちに叱責された。というのも、クマ送りの時、クマは普段よりずっと力を持つとされており、あまりに危険でこのスポーツを行うことはできないと考えられているからである。クマ送りの間にクマ神の力が数倍増すのは、アイヌがクマに捧げる無数の木幣に由来すると考えられている。

先に説明した遊びやその他の活動の最も興味深い側面の一つは、普段は競争ではなく相互扶助を強調するアイヌが、こうした活動では各々が進んで技術と個性を表現することである。女性の中には、これらの遊びに参加することさえ恥ずかしいと思うフシコのような人もいれば、積極的に機会を求める人もいる。同様に、一部の男性は他の人から見て自らが勇敢で身体能力に優れていることを証明することにより強い熱意をもっている。しかし、アイヌの遊びには、ボクシングのように相手に物理的な危害を加えるものや、一対一で対決するテニスやフェンシングようなものは一つもない。概して、アイヌの遊びやスポーツの参加者は、他の参加者と直接関わることなく自らの最善を尽くすのである。

ヘチリとは考えられていないが、お気に入りの娯楽はなぞなぞである。その一例が「足のある人が家にいるあいだに、六つの集落に罠を仕掛けに行く足のないものってなんだ?」というものである。答えは「舟」である。[48] アイヌ語で六という数字は多いという概念を表している。「足のある人」とは、アイヌの高床式の建造物である「貯蔵庫」のことである。建物の各部は人体の部分名称が当てはめられているため、床を支える柱は「足」と呼ばれている。アイヌはこのような標準的ななぞなぞの豊富なレパートリーを持っており、質問し合うのを楽しんでいる。これらのなぞなぞから、部外者はアイヌが周辺の物事をどのように認知しているかを知ることができる。

アイヌは歌うこと、楽器を演奏すること、踊ることが大好きである。彼らの音楽は静かな美しさを持ち、彼らの踊りはリズミカルな力強さというよりも優雅な動きが特徴である。実際、アイヌは、隣人であるウイルタのより激しく身体を動かす踊りを、品格と優雅さが欠けていると批判することがよくある。アイヌが他の楽器と同じように考えていないシャーマンの太鼓は別として、アイヌの見方で最も重要なのは、前述のトンコリ（五弦琴）で、これは神とされている。他にはフルートのようなペヘクトゥ *pehkutu*（ヨブスマソウの茎笛）とムフクン *muhkun*（口琴）という楽器がある。ムフクンは、小さな棒、竹板、そして糸でできている。[49] 短く一定の間隔で糸を引きながら、竹板に息を通すと、複雑な音楽が生み出される。ムフクンが奏でる旋律は、言葉なしに自らのことを物語る。ある旋律は、母親が雪の中で時々泣いたり転んだりしながら、迷子になった子供を探していることを物語っている。別の旋律は、駆け落ちした恋人たちのことを物語る。彼らは待ち合わせの約束をしていたが、男性が到着したとき、女性はそこにいなかった。おそらく間違って別の場所に行ったのだろう。このようにムフクンの旋律は、「この歌が聞こえたら私の所に来てください」という男性の声を表している。この場合のように、楽器は若い恋人同士のコミュニケーションの手段として機能することも多い。二人は、特定の旋律を合図として決めていて、一方がその旋律を奏でることで恋人を呼ぶ。恋愛歌、子守唄、舟曳歌など数種類の歌もあり、それらの中には何世代にも渡って受け継がれている有名なものもある。

樺太アイヌも北海道アイヌも口承文芸を自らの伝統として非常に誇りに思っている。先に述べたように、アイヌの叙事詩は、文学的な質においてギリシャの叙事詩に匹敵すると見なす学者は多くいる。幸

▲フシコのトンコリ（一九六九年）
（物差しは五センチ）

▲トンコリを弾くフシコ（1952 年頃）（フシコ提供）

▲フシコのムックン（一九六九年）（物差しは五センチ）

いにも、アイヌの口承文芸は、その質の高さが多くの学者の注目を集め、その多くが記録されている（知里一九四四、金成一九五九～一九六五、金田一一九四四、Pilsudski 1912を参照）。特に注目に値するのは、優れたアイヌ女性である金成マツが、叙事詩五巻[50]を一人で音素表記に準じる方法で記録したことである。金成マツはアイヌ文化研究者である知里真志保教授の伯母である。地域ごとに、口承文芸の独自の分類があり、アイヌは特定の文学作品が分類のどのジャンルに属するかを特定する。北西海岸の樺太アイヌでは、口承文芸を四つのカテゴリーに分類している。重要度の高い順に、ハウキ *hawki*、オイナ *oyna*、ウチャシコマ *učaskoma*、トゥイタハ *tuytah* である。これらのカテゴリーの訳語は各カテゴリーの物語が持つ性質をほとんど表していないため、アイヌ語で言及される必要がある。最初の二つのカテゴリーの物語は叙事詩であり、サーコロペ *sa:korope*（「節を持ったもの」）と呼ばれるが、それは必ずサーケヘ *sa:kehe*（「節」「歌」）をつけて語らなければならないからである。韻文である、節をつけて語られる、という二つの特徴に加えて、二つのカテゴリーの一つに含まれる物語には、他にもいくつかの明確な特徴がある。内容は神、もしくは半神半人であると考えられているアイヌの文化英雄ヤイレスーポ *Yayresu:po* のどちらかを扱ったものでなければならないというものである。[51] 物語の舞台は世界の始まりである。また、これらの物語に関係する言語には、アイヌが神々の言葉と年長者の言葉と呼んでいるものがかなり含まれている。これらは、年長者が独占的に使用し、通常の言葉遣いよりも優れていると考えられる、特別な語彙および文法を使用するセットである。[52] 特に神々の言葉は主として祈り、つまり男性の長老たちと神々とのコミュニケーションに使われている。さらに、これらの物語は一人称単数で語られる点が特徴的である。[53] したがって、神または文化英雄は自分自身についての物語を語り、語り手が主人公となる。最後に、これらの叙事詩には、作品全体を通してリフレインが付けられている。常に美しい響きを伴うこれらのリフレインの多くは、もともとの意味を失い、もはや意味をもったフレーズではなくなっている。他のリフレインは、主人公が動物神であるとき、主人公の鳴き声を表す擬声語である。さらにほかのリフレインは意味のあるフレーズである。ハウキとオイナという二つのカテゴリーのうち、ハウキの方がより偉大なものだと考えられている。どちらも神や文化英雄を扱っているが、ハウキには戦闘場面が含まれる。[54] すべての物語の中で最も崇高なものであり、神々の言葉を含んでいるため、ハウキは男性の長老たちによって語られなければならない。普通の夜にハウキが語られることもあるが、誰かが重大な病気を抱えている場合や伝染病が発生している場合には謡われなければならない。

他の二つのカテゴリーのウチャシコマとトゥイタハは散文体で構成されており、アイヌはそれらを軽い物語と見なしている。ウチャシコマは、世界の初めの「神話的」または「伝説的」な人物ではなく、アイヌが何世代か前に住んでいたと考える実在の偉大な首長を扱うことが最も多い。[55] トゥイタハというジャンルは様々なおとぎ話から構成されており、その中には、神として扱われていない動物の物語が含まれ、いくつかの物語で人間の姿に変身する。[56] フシコが教えてくれたオイナが示しているように、口承文芸はアイヌ文化を多面にわたって含んでいる（行ごとの翻訳を含むアイヌ語で語られた物語の全体はOhnuki-Tierney 1969b に掲載）。

> ある物語には、文化英雄のヤイレスーポとその守護神であるチリキヤンクフ *Čirikiyankuh* のことが語られている。守護神のチリキヤンクフはヤイレスーポが治める集落の裏山の奥に住んでいた。

守護神は家から出て、顎を屋根の下端に置くことを日課としていた（アイヌはこのようにしてチリキヤンクフの身長が高いことを説明する）。それから守護神はヤイレスーポの集落に目を向け、すべてがうまくいっているかどうかを確認する。守護神は、金色のオスと銀色のメスのつがいの鳥を飼っていた。夫婦の鳥は常に目を光らせており、ヤイレスーポの集落で何か悪いことが起こったとき、守護神に知らせようとけたたましく鳴き叫んだ。

ある日、守護神は何人かの正体不明のものたちがヤイレスーポの集落を襲おうとしているという夢を見た。そのため、守護神はヤイレスーポを眠りにつかせて夢を見せ、その中で守護神は化物が到来していることをヤイレスーポに伝えた。守護神はヤイレスーポに「化物が自分たちの身元がなんであるか尋ねてきたら、トンコリ（五弦琴）の子供だと告げなさい。さもないと、化物は腹を立て、ヤイレスーポと集落の人々を殺すことになる」と告げた。翌日、鳥たちが騒々しい鳴き声を上げたので、守護神はヤイレスーポの集落に行くことにした。守護神が山を下っていくと、守護神が非常に大きかったので、低い木は足首にほとんど届かず、高い木は膝だけに届いた。守護神が歩くと、その歩みは強風を巻き起こし、樹木を前後に揺らした。沖の方を見ると、血の霧が上がっているのが見えた（アイヌの化物は通常、血の霧とともに現れる）。それから守護神は山へ戻った。

場面はヤイレスーポに変わる。ヤイレスーポは夢を見たすぐ後にぐっすり眠り込んだ。翌日朝早くに目を覚まし、囲炉裏で火を起こした。外に出ると、水平線に血の霧が上がっていた。家の中へ戻ると、海岸から小道を上ってくる二人の化物の声が聞こえた（アイヌの集落と海岸を結ぶ細い小道が常にある〔図二参照〕）。化物らはヤイレスーポの家にやって来て、入り口で話し始めた（悪い作法だとされている）。化物たちは上座に座って（ここには男性の長老だけが招かれて腰を下ろす）、あたかもヤイレスーポと古くからの知己であるかのように話した。化物が、自分たちの身元が何であるか尋ねると、ヤイレスーポはトンコリ（五弦琴）の子供だろうと答えた。その途端、化物は姿を消し、ただ上座に二つの楽器が横たわっているだけだった。ヤイレスーポはそれを家の外に持って行って、斧でバラバラにした。それからヤイレスーポは化物の体の破片をすべての樹木、草、地面に食べさせた。[57]

この物語を民族誌的資料として詳細に解釈するための十分なスペースがここにはないが、三つの主要なテーマについて説明する。まず、アイヌの聞き手は誰でも重要なタブーをすぐに思い出すだろう。集落を移るとき、道具、楽器、その他の物を置き去りにした人は、それをバラバラに解体しなければならない。さもないと、道具の魂は「体」から抜け出してあの世で平穏に休むことができないためにアイヌに害をなす。このタブーは、宇宙の住人のほとんどが魂を持っており、死んだときには魂は屍を離れてあの世に行くというアイヌの信仰に由来する。したがって、この物語には、不注意なアイヌが宇宙に存在するものへの基本的な礼儀を忘れるとどうなるかが示されている。

第二に、この物語はアイヌが化物をどう考えているかを完全に描写している。アイヌの化物は、血の霧で象徴されるように、アイヌの生命への脅威を表している。化物は死を意味するので、アイヌは化物が生まれ変わらないようにしなければならない。したがって、すべての化物の物語は、化物をこまかく切り刻み、宇宙万物に食べさせ、存在を抹消するという儀式で結末を迎える。

最も重要なのは、物語がアイヌの世界観の本質を説明していることである。つまり、アイヌと神々、そして化物が主な住民となっている宇宙に住んでいるのである。化物の脅威は現実のもので、いつでも起こりうるものであるが、アイヌが神々に対して恭しくふるまえば、神々から見守られ平和に暮らすことができる。世界の初めに、文化英雄は神々とアイヌの間のコミュニケーションを仲介していた。その当時も今も、このコミュニケーションは夢を通して容易に行われる。

ハウキとオイナという叙事詩には、語り終えるまでに二、三晩かかるものがある。したがって、それらの叙事詩は仕事が比較的少ない冬の長い夜に語られる。この北の大地で、戸外は凍るような冬であるが、物語が語られる屋内の囲炉裏の側は暖かい。とりわけアイヌが半地下式住居に住んでいたときは暖かいものであった。語り手（謡い手）が、男性の長老であるとき、しばしば物語のクライマックスで仰向けになり、腕を宙に振りながら物語を演じる。この叙事詩は、アイヌを見守る神々の偉大さと優しさ、そして化物と戦う勇者の賢明さと勇敢さを聞き手の心に劇的に焼き付ける。こうした機会は、若者に語り手（その多くは長老）の深い知識を印象付けることにも繋がっている。

第四章　人の一生

アイヌは子どもと大人を区別しており、どちらもさらに細かく分かれている。子どものカテゴリーには、乳幼児（ウハシンペ *uhsinpe*「新生児」またはポン・テンネヘポ *pon tennehpo*「赤ちゃん」）とヘカチ *hekači*「子ども」が含まれる。成人は、若者（スクフ・ウタハ *sukuh utah*）と「年を取った大人」つまり老人（オンネル・ウタハ *onneru utah*）に分けられる。この章では、一生の様々な段階に付随した通過儀礼、信仰、期待される行動について説明することで、アイヌの個人がどのように一生を過ごしていくのかを追っていく。

誕生

誕生は神々の好意の表れと見なされる。それは、それぞれの人間の妊娠と誕生は、一般的に神々、特にアイヌ・シカハテ・カムイ *Aynu Sikahte Kamuy*［人間・を産む・神］と呼ばれる神によるものだからである。アイヌは、人間は自分たち自身で人間の生命を創造するのに十分に力を持っておらず、ただ性交することによって子どもができるのではないと信じている。子どもたちがいるということは、両親が神々と良い関係を結んでいることを示すものなので出来るだけ多くの子どもを望んでいる。実際的な観点から見ると、この信念は、アイヌが老年期には生きるために子どもに頼らなくてはならないという強い認識を反映したものである。伝統的な生活を送っていた時代には天然資源が豊富だったが、特にその土地に居住する人々がごく少数であるという状況では、この北の気候の中で狩猟と採集によって生存するのは極めて困難であるのが常であり、生活の状況は体力に大きくかかっていた。このように、自給自足の経済活動は、年をとるにつれて、実行することが困難になる。さらに、生活面では、食料の調達や家の建築だけでなく、火事などの緊急事態においても、相互扶助が不可欠である。したがって、自分の子どもであれ、隣人の子どもであれ、人口が増えることはアイヌ社会にとって歓迎されることである。アイヌの民話は、こうした人口の維持と増加に対する関心を十分に反映している。したがって、最も恐ろしい化物はアイヌの集落を滅ぼしてしまうものであり、その化物を殺すだけでなく人口の激減した集落を人でいっぱいにする役割もアイヌの文化英雄に割り当てられている（第六章の「化物」を参照）。アイヌがたくさんの子どもを持って、人口が増えてほしいと願うことは、一般に、特に出生、結婚、親族に関わる多くの信仰と習慣を説明するのに重要な要素となっている。

例えば、双子の誕生、特に二人ともが男の子であるのは、最も重要で歓迎される。双子の誕生は文字通り「神様からの授かり物」と呼ばれ、双子は特別に扱われる必要がある。双子が眠るとき、家の中で最も神聖な所で寝かせなければならず、衣服のような所持品は、家の後ろ（西）側に決して置いてはならない。男の双子のすぐ後に産まれた女の子は「神々のしもべ」と呼ばれ、家族からも大切に扱われる。フシコは「神々のしもべ」だったが、双子の兄の一人は生後まもなく亡くなった。神々と特に親しい関係に恵まれた幸運を認識し、アイヌの生き方を学ぶよう一生懸命に努力した。双子の場合、最初に母親から産まれてくる方の子は、弟や妹と見なされ、アメリカの慣習とは逆になっている。アイヌの間で双子が生まれることは珍しく、三つ子以上は事実上存在しないため、文化的意味付けは特になされていない。

幼年期

生まれたとき、子どもは両親のどちらとも結びついていると見なされる。生まれたばかりの赤ちゃんに食事をあげたり面倒を見たりするのは、主として母親が担当しているが、乳児は常にその家族や親戚によってだけではなく、集落に暮らす他の大人の女性と子どもたちによっても、絶えず抱かれている。母親は、自分の赤ちゃんを独占せず、その子が甘やかされることや、子育てのやり方や考え方に関して他の大人と意見が異なる可能性について一般に気にしていない。幼児は、おんぶする人の額から下げた紐で身体を支えられて、起きている時間のほとんどを背中の上で過ごすことが多い。

おぶい紐のほかに、幼児が二歳になるまで用いられるもう二つのタイプの道具がある。[58] 一つはチャハカ *čahka*（ゆりかご）と呼ばれ、くりぬいた木の幹から作られる。ウサギや子イヌの毛皮をそこに入れ、足が垂れるように赤ちゃんをそこに置く。チャハカは天井から紐で吊り下げられており、家にたくさんいるノミやネズミから幼児を守る。赤ちゃんが泣くと、誰かがゆりかごを揺らす。夏の間はおむつを使用しない。チャハカには穴が開いているので、赤ちゃんが用を足すと、排泄物は地面に落ちる。寒期には穴を開けない。赤ちゃんは、木の幹の腐った部分から作った前述の柔らかい物が入った、ウサギか子イヌの毛皮で作ったおむつを着ける。その柔らかくて吸収性のある材質は、赤ちゃんにとって快適である。おむつが汚れた場合は、毛皮ではなく、木材の生地だけを交換する必要がある。アムチャハカ

amčahka と呼ばれるもう一つのチャハカは、シラカバの樹皮から作られたもので、夜に用いられるが、昼間は母親が赤ちゃんを腕に抱える。

他の多くの人が昼間は赤ちゃんの世話をすることがあるが、夜は母親のすぐ横でシラカバのゆりかごの中で過ごす。母親の体の温もりが赤ちゃんを健康に保つのだと信じられているからである。母親か父親との添い寝は次の子が生まれるまで、時によっては子どもが一〇代になるまで続くのは珍しいことではない。子どもと添い寝する親は、母でも父でもよく、どの位置で寝るかという説明は、アイヌの言うことと、実際に行うこととの間の興味深い矛盾を示している。先に見たように、アイヌの家の四つの側面の間には明確な階層があり、理論的には誰がどこに座ってどこで寝るかに関するルールが明確に定義されている。しかし実際には、厳格なルールも、それぞれの人間が互いにどういう関係にあるかによって守られないことがある。

ある日、フシコがアイヌの寝るときの位置について説明していたとき、彼女の孫娘が生まれたばかりの赤ちゃんと一緒にひょっこり訪ねてきた。フシコは孫娘に目を向け、「最近、若い母親はだらしがない。赤ちゃんを一人で寝かせて、夫のそばに行く」と批判した。フシコが孫娘についてコメントしたすぐ後、いつものように私たちのもとを訪ねてきていたイトコ（約六〇歳の男性）を指差し、彼は結婚するまで父親の隣で寝ていたのだと説明した。私の育った日本社会の一部では、女の子が寝るとき母親の側、あるいは父の側にさえ行くことはあっても、男の子はそうはしないので、このコメントで文化の違いを教えられた。

赤ちゃんを育てる期間は二年または三年も続くことがある。先の子が離乳する前に新たに子どもが生まれたとき、母親は両方の子どもに授乳をする。十分に乳の出ない女性には特別なネギの粥を食べさせる。この食物は非常に効果的であり、ほとんどすべての女性が授乳できるようになるという。母親が亡くなったり病気になったりした赤ちゃんには、乳の出る他の女性が自分の子どもに加えて授乳する。赤ちゃんが母親のいない女の子である場合、この乳母となった女性は赤ちゃんを自分の子どもとすることが多いが、母親のいない男の子の場合、父親はふつう、授乳期間が終わると男の子を連れ戻す。しかし、通常は男の子と女の子の差別なく歓迎される。女性が子どもを長期間にわたって授乳していることもあって、赤ちゃんのために特別な料理を作ることはしない。母親はふつうの食べ物、特にサケのような良い魚を噛んで柔らかくしてから、子どもに食べさせる。食べ物と歯がための両方になる、クマ、ノウサギ、または犬のあばらが赤ちゃんに与えられることもよくある。赤ちゃんがもう少し大きくなると串に刺した肉の塊をあげる。子どもはあばらや串を手にして、自分のペースで肉を噛むことができる。

赤ちゃんに関する最も深刻な懸念の一つは病気で、その多くは悪霊によって引き起こされると考えられている。悪霊祓いに向けた様々な予防策を講じている。「赤ちゃん」を表す用語であるポン・テンネへポは、この心配を具体的に表したものである。「小さな（尿のある）湿った子ども」という表現は、化物が接近するのを防ぐために使用される。悪霊は汚れたぼろきれを嫌っているので、幼児はぼろきれに包まれることもある。同様に、赤ん坊の衣服を、大人の男女が性器の上を覆う帯または衣服から作ることがあるが、それはこれらの衣服に、悪霊を追い払う力があると考えられているためである。また、母親が留守の間に化物が子どもを誘拐する場合、化物は健康な人間の赤ちゃんの代わりに自分の病気の赤ちゃんを置いていくことが頻繁に起こると信じられている（ある種の奇形についてはこう説明される）。

そのため、赤ちゃんを一人にする時には横に小刀などの武器を並べるが、それは子どもたちのもとに忍び寄ってくる化物を攻撃することを意図してのことである。

子どもは必ず誕生時に名前を付けてもらうというわけではなく、決まった日取りに名前を授けられることもない。多くの場合、二人の間に親族関係がない場合でも、「子ども」や「若者」などの用語や、「妹」や「叔父」などの親族用語によって呼びかけられ、言及される（第五章を参照）。しかし、生涯のある時点で、通称をもらい、しばしば聖なる名前も付けられる。すべてのアイヌが聖なる名前を持っているわけではなく、それはシャーマニズムの儀式の中で「明かされる」必要がある。一部は神にちなんで名付けられているが、聖なる名前の意味は不明であることも多い。通称は、面白い意味を持つ場合が多く、その人の特徴を示す。フシコの場合、妹が生まれてからしばらくして、一家は長女を「古い」を意味する「フシコ Husko」と呼び、次の娘を「新しい」を意味する「アシリ Asiri」と呼び始めた。悪霊と化物によって引き起こされる病気に対する前述の予防策は、多くの場合、名前の選択に影響を与える。叙事詩の優れた謡い手であったある男性は「チョホチョンケ Čohčonke（男性性器を覆うふんどし）」と呼ばれていた。もう一人の男性の名前はオソマルイペ Osomaruype（「排便機」）だった。彼は小さいとき、自分自身を守るために下着を汚していたのだが、悪霊たちはこれを名前によって知らされていた。他の名前は、「チコロ・ヘンケ Čikoro henke」（ペニスを持つ・長老）と名付けられた女好きの男性や、心臓が弱いために激しく呼吸した（ヌワハ *nuwah*）ためヌワハ・アハチ Nuwah Ahči という名を持つ年配の女性の例のように、後半生の経験を反映したものである。しかし、アイヌはこれらの名前の文字通りの意味を、その名前の持ち主に関連付けているようには見えない。これは、日本語を例にすれば、犬養さんが犬を飼っているわけではないのと同様のことである。したがって、有名なシャーマンや崇敬される年長者は、その尊厳または仲間のアイヌから受ける尊敬を決して妨げない「面白い」名前を持っているかもしれない。これらの名前の由来をアイヌが思い出したとき、または「面白い」名前の意味を説明するように求められたときにのみ、彼らは面白がって笑うのである。アイヌ語の名前を理解する上でさらに基本的なのは、名前のほとんどが悪霊への信仰のために与えられていること、そしてアイヌがセックスとそれに関わる身体部位を淡々と率直に重要視していることである。さらに、アイヌは一般的に家族や親族の繋がりを強調しているにも関わらず、彼らの命名慣行には姓がなく、個人の名前に親族アイデンティティは表現されない。アイヌの名前は個人の経験や性格に関わることを表現している。

子ども時代

幼年期を過ぎた子どもは総じてヘカチ *hekači* と呼ばれる。小さい子どもはポン・ヘカチ *pon hekači*（小さい・子ども）、大きい子どもはポロ・ヘカチ *poro hekači*（大きい・子ども）、男の子はイワネヘポ *iwanepo*、女の子はメレコポ *merekopo* と言うこともある。幼年期から子ども（ヘカチ）の段階への移行は、儀式を伴わずに徐々に進んでいくものである。それは重要な移行であり、子どもはもはや大人に甘やかされないので、生活を送るうえでの責任を果たさなければならない。したがって、漁に出た舟が戻ってくると、赤ちゃん、妊婦、病人、そして非常に高齢の人を除く集落の誰もが、魚を降ろして干すために海岸に向かう。子どもたちは、こうした荷揚げを手伝うだけでなく、植物採集やその他の様々な大人の仕事を助けることが期待されている。女の子は下の子を背負って、料理やその他のことに使用する水を海や川から汲んでくる。女の子は早くから料理、縫製、刺繍の方法を学び始める。男の子は、父親が薪やシラカバの樹皮や小枝などの着火剤を手に入れるのを手伝う。ゲーム（ルールのある遊び）や遊戯（気晴らしのための遊び）においてさえ子どもは大人の活動を疑似的に体験する。例えば、男の子は、子ども用の小さい弓と矢、槍、またはその他の狩猟道具を使って、木材や小枝、草で作ったクマやアザラシを狙い、獲物を捕らえる訓練をする。もう一つのゲームは丸くした木の輪を転がし、棒でその真ん中を突くというものである。

青年時代

成長して若者へ

身体の変化は、少年から若者への段階的な移行の一つの側面とみなされ、男性の体の変化は、（毛によって）陰部が黒くなると表現され、ある時点で性器を覆うものが男の子に与えられる。しかし、より重要なのは、男性の役割における彼のふるまいである。したがって、少年が鳥を射落とすと、少年の髪型は成人男性の髪型に変わる。少年と成人男性の両方とも前髪を剃るが、少年の場合は真ん中の小さな部分を剃り残し、そこにホホチリ *hohčiri* と呼ばれるビーズを取り付けた小さな三角形の裂が糸で吊り下げられている。この髪型は、かつての日露国境に近いヨホホキナイ *Yohohkinay*（沃内川《よくないかわ》）のアイヌの女性と結婚した海の神（シャチ）からアイヌが教わったのだと言われている。その娘は、海の神と結婚した一年後に、赤ちゃんを両親に見せるために戻ってきたが、赤ちゃんはこの髪型をしていた（この物語の詳細は第六章）。少年が狩りの技術を持っていることが証明されると、ホホチリが取り除かれ、前髪は剃られる。しかし近年では、鳥を射落とす必要性は薄れ、男の子は一〇代半ばのどこかで髪型を変えるだけになった。男の子にとって最も重要な出来事は、二つの小刀を与えられるときである。一つは木幣であるイナウ *inaw* を削るためだけに使用されるもので、もう一つはその他の目的のために使用される。先に見たように、木彫は成人男性の最も重要な技術の一つであり、それは宗教的に重要なものである。大人へと徐々に成長していくなかで、男の子は初めての狩猟と漁というワクワクするような体験をし、大きくなるにつれて次第に他の大人の男性の活動に参加するようになる。

成長して若い娘へ

身体の変化では女性は男性以上に大きな影響を受ける。その中で最も重要なのは月経である。月経は、女性が飲む水が新しい血に変わると同時に、体内の古い血液が排出され、それによってその期間中女性は喉の渇きを覚える過程として理解されている。それに伴う痛みや痙攣は、体外に排出される前に体内を「歩き回る」古い血によって引き起こされると考えられている。月経と生殖過程の直接的な関係は想定されていない。初潮を迎えると、女の子はノウサギ皮製でおりものを吸収するために干し草があてられた保護カバーを与えられる。女性の身体の変化には儀式は含まれていないが、この時点で、前述の血のタブーに由来するまったく新しい行動パターンをとる必要がある。例えば、男性がその下を通り過ぎる可能性が少しでもある場所には衣服を吊るしてはならない。というのは、衣服が汚れていなくても、男性はそこに残った臭いで汚染されるからである。女性は普段許されている湖での釣りは月経期間中にはできない。月経が終わるまで女性はクマ送りに参加することもできない。月経が終わると、身体の周

▲荷物とともにキョウダイをおぶっている幼い少女（C. Chard 氏提供）

りにエゾマツの枝とヨモギを振って浄めの儀式を行う必要がある。そうしてはじめて、その女性は儀礼に参加することができる。女性のシャーマンは、月経期間中には儀式を行うことができない。乳房が大きくなると、行動に気を付けないといけなくなる。この思春期の兆候の始まりから、女性は非常に慎み深くし、乳房を常に覆っていなければならない。口承文芸ではボタンをすっかりとめる（乳房を覆う）という表現が、大人の女性になったことを象徴的に表すために頻繁に使用される。

大人の女性の重要なシンボ

ルである入墨は、最初は早くも一五〜一七歳から施されることがあるが、施術の時期は、思春期、結婚、または女性のライフサイクルの他の段階と正式に相関関係にあるものではない。入墨は濃い青色で、中央の上唇の上、中央の下唇の下、上唇の上の残りの領域、下唇の下の残りの領域という順で顔に施術される。神話（Ohnuki-Tierney 1969b 第一五話）によると、入墨の技法は、アイヌの女性に変身し、機織り、染色、入墨といった女性の技術を伝えたトゥクシシ（アメマス）から伝えられたものである。このタイプのイワナ属のマスの体には、入れ墨に似た青みがかった斑点（パーマーク）がある。入墨は、小刀で平行に細かい切り傷を入れ、ニシンの油と鍋の底からとった煤を混ぜた物を擦り込むことによって施される。この煤は、シラカバの樹皮を燃やすことによって特別に作られたものである。おそらく入墨が女性らしさを象徴するものとなっているのは、アイヌの最も重要な女神である火の媼神によって作られたと考えられている煤を用いることに関連している。入墨は激しい痛みを伴う施術であり、時には口が腫れ、食事もままならなくなる。しかし、入墨は女性の美しさ、そしてしばしば地位の象徴となっている。社会的地位の高い男性の妻だけが口の周りに入墨を施すことができる。普通の女性は唇の真ん中の上下にしか入墨を持っていない。

しかし、入墨は、北西海岸のアイヌの間でよく発達した慣習ではない。北西海岸アイヌの中には入墨を施すことができる女性はおらず、美しくなることを望んでいる女性は、入墨の技術を持つ女性が東海岸から訪ねてくるのを待たなければならなかった。この女性は、ライチシカやウシトモナイポ *Ustomonaypo* などのより大きな集落にのみやって来たので、さらに北に暮らす女性の中には入れ墨をしてもらう機会がなかった人も、入墨に熟練した人がいるときにこうした集落を訪れて入墨を入れてもらう人もいた。入墨の方法とその慣習に起因する文化的価値、つまりステータスシンボルとしてのその美しさと使用の両方が北西海岸のアイヌの間にはしっかりと定着している。おそらく入墨が南方起源であることを示しているのだが、北海道アイヌの女性の間で精緻に発達しており、口辺部の入墨が耳の方へと頬の上に施されるほか、手と腕、そしてある地方では目と眉の間に施される。北海道のアイヌの間では、入墨の習慣は「小さい先祖」から伝わったとされている(アイヌ文化保存対策協議会編一九七〇：一三一－一三五)。

子どもは次第に若者になり、先に述べた出来事それ自体が、通過儀礼として機能しているものはない。若者はまとめて、スクフ・ウタハ *sukuh utah* と呼ばれ、男性の場合ならスクフ・オホカヨ *sukuh ohkayo*、女性の場合はスクフ・マハテクフ *sukuh mahtekuh* である。若者にとって最も重要な経験の一つは結婚である。アイヌは、尋ねたとき、婚前交渉は眉をひそめていると述べる。しかし、続けて彼らは未婚女性への求婚者が夜這いをしたとしても、その女性が騒ぎを起こすことはないはずだと主張する。その女性が抗議することによって、他の人、特に隣人に夜這いの事実が知れた場合、女性の両親は自分たちの娘の不注意な行動によって求婚者の面目を失わせたことに対して賠償を支払わなければならないかもしれない。アイヌは概して婚前交渉や私生児に寛容である。

結婚

多くの場合、子どもが生まれた時、またはより多くは三歳から五歳の間に、子どもの両親または他の親族によって婚約の取り決めがなされる。婚約時には、男の子の衣服の一番上のボタンであるノホポクン・ヌマハ *nohpokun numah* が許嫁に渡され、許嫁はそれを自分の衣服の一番上のボタンとして使用する。この時から彼女は正式に少年と婚約したことになる。ただし、そのような婚約は、一方の当事者が他の誰かと恋に落ち、結婚したいと願うなら、後に解消される可能性がある。アイヌのプロポーズのやり方は効率的で言葉によらないものである。男性がプロポーズしたいとき、男性はすでに手を付けた食べ物の入った器を自分の選んだ女性に渡す。女性がその男性のプロポーズを受け入れたいと思ったら、残りの食べ物を食べる。女性の平均結婚年齢は一五～一七歳であるが、男性の平均結婚年齢は二〇代の前半から半ばにあたる。結婚式の時期は月単位で定められ、日は決められていない。通常、婿の家族が別の集落に住んでいる場合、婿の家族は花嫁の家族に使いを送り、その家族にどの月に行うかを知らせる。結婚式の少し前に、婿は花嫁の家族のもとに住み込み、狩猟をしたり、何らかの形で両親の日常生活を支援し始める。これは人類学者が「花嫁奉仕（bride service）」と呼ぶ習慣である。アイヌ自身はこの慣習を、アイヌは和人のように貨幣を持たないため、婿は自らの労働力を花嫁に提供するのだと説明している。アイヌによると、実際に結婚する前に花嫁奉仕を始めるというこの習慣の利点の一つは、この期間が婿が婚約を解消する機会となっていることである。婿は単に花嫁の家を離れるだけで、結婚は行われなかったと見なされうる。花嫁にはそのような選択はない。このようにアイヌは、結婚は両親によって調えられるべきだと述べているとはいうものの、個人はロマンチックな感情に基づいて結婚することが多いだけでなく、若い男性は自分の両親によって決められた婚約を首尾よく拒否することができる。

持参財（dowry）は、花嫁の父親が首長またはその他の非常に裕福な男性であるという稀な場合にのみ花嫁の父親から婿に贈られる。持参財は、捧酒箸、漆器、刀などのアイヌの宝物で構成されている。アイヌは持参財のある花嫁は夫からより大切に扱われると説明している。ただし、持参財が花嫁をより大切に扱われることを保証するものでは必ずしもないことが実例から示されているが、持参財は確かに花嫁の父親の富と社会的地位を証明するものとなっている。

結婚は、他のすべての儀式と同様に、新月と満月の間に行われる必要がある。人々が特に漁で忙しいときに、結婚式が行われることはない。儀式は簡潔で、花嫁の家族だけが参加するが、時には婿の家族も参加する。結婚式後の数日間、婿は花嫁の両親に奉仕を続ける。その後に、新婚夫婦は婿の父親の住まう集落に向かう。婿が長男であるときにのみ、夫婦は婿の両親の家に居住する。その他の場合では、夫婦は同じ集落に別の所帯を持つ。自己の姻族に対して文化的に規定または禁止された行動規則はない。個人は平均二回以上、稀には数回結婚しているようであり、離婚は形式的な手続きも第三者を関与させることもなく行われる。

出産

どの結婚においても最も重要な要素は、子孫を産むことである。妊娠の過程は次のように理解されている。すべての女性は下半身に管を持っているが、この管は月のある時間にのみ開いている。ほとんどの女性にとって、この時間は一ヶ月ごとか、ちょうど新月が現れた時だと信じられている。この期間中に女性が性交を行うと、血液と見なされる男性の精液が、女性の血液と混ざって卵ができる。すべての女性は限られた数の卵しか持っていないため、その供給がなくなると、子どもを産むことができなくなる。男性の血液（精液）が弱いとき、「不妊」となる。

積極的な対策は、夫婦が望むだけの子どもが自然にできるとは思えない場合に行われる。女性は、アザラシ、クマ、イヌなどの動物の乾燥した卵巣からお守りを作ることもある。女性はそれを布で包み、帯のように腰に巻きつける。男性にはこの方法に相当する方法はないが、二つの代替となる方法がある。一つ目として、別の妻を取ることがある。二つ目として、二人以上の女性とも子供を持つことに失敗した子のない男性は、妻が妊娠するように、自分の兄弟か友人の一人に協力してもらうことが社会的に認められている。フシコの父親の異母兄弟は、ライチシカ集落で最も著名な家の当主であったため、後継者を持つことを強く望んでいた。彼は異母兄弟（フシコの父親と両親を同じくする兄弟）に自分の小妻との間に子どもを作るように頼み、成功をおさめた。ただし、この方法は頻繁に行われるものではない。

こうした方法を用いることができるが、最もよく行う手段は、子のない夫婦が養子縁組をすることで、夫婦は養子を血のつながった子どもと全く同じように扱う。婚姻規制に関してのみ、子どもの実際の血筋を調べる。養子になるのに決まった年齢はない。養子をとるときに特別な儀式は行われないが、養父母が実の父母に箱に入った干し魚などを贈ることがある。

この自発的な養子に加えて、伝統によって規定された別のタイプの養子がある。つまり、親戚の中で別の子どもが亡くなった日に生まれた子どもは、死んだ子どもの両親のもとに送られなければならない。両親はその件に関して発言権を持たない。それゆえ、フシコの生まれたばかりの赤ちゃんが亡くなったとき、彼女と夫は、同じ日に自分たちの親戚に生まれた子どもを養子にする準備ができていた。夫婦は赤ちゃんと盲目の母親のどちらも家族に連れてくることを計画していた。乳児は生まれて数日後に亡くなったため、養子が行われることはなかった。

夫婦が確実に子どもを持つために取るこれらの前向きな手段は、子どもは夫婦に対する神々の好意の表れなのだと考える一方で、実際に子供ができないという事態を神々から嫌われていることの証拠としてアイヌは考慮していなかったことを示している。

妊娠中の女性には様々なタブーがある。最も重要なタブーは、女性が海岸に行くことである。もし女性が海岸に向かうと、魚が溶けてしまう。それというのも、魚を作る海の神様が出産が近づいた時の血の臭いを嫌っているからである。その他のタブーによる規制は軽微な行動規制である。例えば、妊娠中の女性は糸を撚ってはならないというものである。これは彼女の腸がねじれる原因となる可能性があるためである。乾燥させたクマの腸は、楽な分娩を促すのに最も効果的であると考えられており、妊娠中の女性はそれを布の中に入れ、腰に巻き付ける。帰米するお別れの日に、フシコが娘や孫娘のために長い間保存していたクマの腸を下さったことは今でも忘れられない。その時私は妊娠後期にあったので、フシコは餞別としてそれを下さり、アメリカへの旅の間と、その後の出産の間に私を見守ってくれるようシャーマニズムの儀式を行い自らの神々に祈ってくださった。

父親となる男性もいくつかのタブーによる規制を遵守する必要がある。例えば、大工仕事をしているとき、釘を木に完全に打ち込んではいけない。なぜなら、もし妊婦の分娩が重くなったときに、釘をすぐさま引き抜くことができなければならないからである。すぐに抜けることは、速やかに子供が生まれることにつながる。性交は、女性の月経中および出産後にもタブーであるが、妊娠後期には胎児への父親の側の歓迎の意思表示と見なされる。

出産間近の女性は、別の集落にある場合でも、子どもを産むために自らの母親の家へ向かうのが普通である。その時、誰が手伝うかという規定はない。彼女の母親とその他の手の空いている女性が手伝いをする。北西海岸の小さな集落では、特に植物採集のために女性が集落から出払っている場合、助けてくれる人は多くないときもある。したがって、女性は自力で出産する覚悟ができていなければならない。子どものへその緒が落ちるまで、女性の血に汚染されると考えられているので、母親と接触した男性は狩猟と漁撈を控えなければならない。したがって、出産が近づくと、女性の家族はポーコロ・チセ *po:koro čise*（子どもを産む・家）と呼ばれる特別な小屋を用意しなければならず、そこに女性は引きこもる。近くに空き家がある場合、妊婦はそこに移される。それ以外の場合は、夏には、家族の家の隣にティピー（北米先住民の獣皮製の小屋）の形をした草小屋が建てられる。冬には、天候が悪いと、妊婦はそのまま家族の家にとどまり、男性はその間親戚や隣人の家に滞在する。男性は外から出産間近の女性と話をすることができるが、妊婦が隔離されている場所に入ることは決して許されない。

　出産を取り巻く重要な規則は、胞衣を草で編んだ茣蓙に包み、樹木が茂った場所に運び、二つに分かれた枝の股に置かなければならないことである。この慣習についての興味深い側面は、樺太の様々な地域のアイヌの物語がどれも、隣人のウイルタへの敵愾心は、彼らが何かの動物の腸だと間違えて、アイヌの胞衣を食べたときに始まったと語っていることである。[59] アイヌがウイルタを批判するのに生食を選んだのは、前述のようにアイヌは生の肉を食べることを極端に嫌うことに由来している。

　子どものへその緒が脱落すると、母子は通常の住居に戻り、簡単な浄めの儀礼が行われる。そうして初めて、男性は汚染を恐れずに妻に近づくことができる。妊娠中の女性に食物規制はないが、産後の行動規則は食品を中心としたものである。口にするべき特別な料理がある一方、いくつかの種類の魚、肉、植物性食品がタブーとなっている。性交は出血が止まるまでタブーである。

若者—準備段階

若者はアイヌ社会の重要なメンバーであり、経済活動の中心的な役割を果たしている。しかし、青年期が成人期の準備段階であるのと同じように、青年期は老年期の準備段階である。したがって、若い成人は、前述の（第三章）年長者の言葉を徐々に身に付けなければならない。男性の場合、神々の言葉だけでなく、アイヌの儀礼を司る規則や規制も学ばなければならない。同様に重要なのは、アイヌの社会的地位の二つの最も重要な決定因子である個人の性別と年齢に基づいて規定されたアイヌの社会的行動に関する知識である。したがって、男性が別の方向から同じ路を通って自分の方に向かってくるのを女性が見た場合、女性は男性に近づきすぎないように、路の片側の方に緩やかにそれる必要がある。男性が年長者である場合、彼女は路傍に避け、長老が通り過ぎるまで待たなければならない。しばらく会っていなかった二人の間で行われる訪問作法は、さらに複雑で儀礼的である。男性にとって、到着を知らせるものとしてホストの家の前で数回咳をし、そしてお互いのキセルへ煙草を詰めることは、この複雑な体系の一部にすぎない。すべての中で最も精巧なのは、ホストが短期間に二人の子供または親族を失ったか、親類がいない場合に行われる、二人の長老の間で交わされる挨拶である。そのような挨拶の機会は稀にしかないが、こうした挨拶は、流暢な演説や感情の表出という点で演劇に似ている。そうした作法は、長老たちの優雅さと聡明さを表すものとして観ているものに感銘を与える。

年長者

年長者はアイヌ社会で最も敬われる成員であり、政治的な指導者であると同時に、アイヌ・プーリ *aynu pu:ri*（人間（アイヌ）の・やり方）とまとめて称される宗教や口承文芸などの重要な伝統を守る存在である。特に男性の長老は、年長者の言葉と神々の言語を使用することにより、アイヌの生活における二つの重要な領域に対して独占的な権利を有しているが、どちらの領域でもそうした特別な言葉が用いられる。したがって、男性の長老だけが、宗教的な儀式の際に文句の決まった祈りを捧げることができ、さらに第三章で見たように、アイヌの口承文芸の中で最も神聖なジャンルであるハウキを演ずることができるのである。前述のイラクサの繊維だけで作られた赤い刺繍入りの白い衣服などの目に見えるシンボルは、アイヌ社会での彼らの特権的な地位を際立たせている。高齢の女性も、最も社会的地位の低い若い女性には禁じられている特権を獲得する。例えば、特別な場合には、裁判（第五章参照）のような平常は男性が独占する領分に参加することもある。そして、最高神であるクマの子の養育に大きな責任を負う者は、高齢の女性でなければならない。年長者の特権的な地位は、年長者たちが神々に最も近いため、アイヌ社会の最も神聖なメンバーであるという信念に基づいている。したがって、アイヌが神々の名前を大声で呼んではいけないように、尊敬される年長者の名前を口にしてはならない。したがって、アイヌはテクノニミー（teknonymy）に頼り、長老のことを誰々のおじいさん、おばあさんと呼びかけ、言及している。

以上のことから、個人が社会的役割を実行することを重視して人生のそうした段階を設定していることとが分かる。そのため、特定の長老は、例えば五〇年という人生のある時期を過ぎたからというよりも、宗教的、政治的な事柄を扱うことができるという理由と、アイヌには年老いた時期が、人間の一生の中で最も神々に近い状態にある時期だという理由で、老人（オンネル *onneru*）という範疇に属しているのである。

死—この世における人間の生命の終わり

この世での人間の生命の終わりはもちろん死であるが、アイヌにとってはあの世での死者の再生をも意味する。死は人の一生のどの時点でも起こりうるものであるが、死に関する信仰と儀礼については便宜上、本章の最後の節であるここで説明することにする。

アイヌは死を、人間の魂が肉体から永久に離れることによって引き起こされる現象だと捉えているが、死後すぐは魂と身体は不安定で、葬式の間、魂は屍の傍らを彷徨っている。規定通りに葬式を行うと、魂はあの世へと旅立ち、すでにあの世へ行ったもとの身体に再び宿る。魂は時に鳥の形をとって旅をすると言われている。しかし、葬式が適切になされない限り、魂はあの世へと旅立って安らかに休むことができない。それゆえ、きちんと送り出されなかった魂はこの世を彷徨い、正式な葬式を出すことを思い出させようと、この世に残っている人たちに祟る。葬式は必ず午後に行われなければならず、通常であれば、夕方に執り行われる。

アイヌは死をいくつかのカテゴリーに明確に分類している。どこで死んだかによって分類が決められるが、どのカテゴリーに分類されるかによって葬式のやり方が異なる。死は大きく屋内で起こったものと、屋外で起こったものに分けられ、後者のカテゴリーはさらに細分化されている。屋内での死は普通に見られるものであり、このタイプの死は、普通のアイヌのために行われるものと、首長や有力者のために行われるものの二つのタイプの葬儀がある。

葬式―屋内で死んだ場合

普通のアイヌが屋内で亡くなると、[60] 女性たちは死装束として刺繍の入っていない普段着を作り始める。死者に供する儀式用の御馳走のために、女性はまた普段と同じ料理を準備するが、多くの場合、それには故人のお気に入りが入っている。地面が凍っていないとき、男性は集落の後ろの丘陵地帯にある共同墓地に穴を掘る。男性はまた、死者が連れて来られた後に墓地で組み立てる木棺の部品を作らなければならない。木棺は死と病気の時に使われる木であるトドマツで作られるのが特徴である。男性はまた、悪霊や化物に対するある種の魔除けを集めて戸口に敷く必要がある。ハマナスの茎（アイヌ語でオタルフ・ニー *otarub ni:*）、エゾニュウの葉（アイヌ語でシウキナ・クトゥ *siwkina kutu*）、ハナウドの葉（アイヌ語でシトゥリキナ・クトゥ *siturikina kutu*）、網の切片と、小石が二つである。これらの植物は、特に亡くなった人の魂を捕らえ、無事にあの世へと旅立つことを邪魔しがちな悪霊と化物を追い払うと考えられている。石と網は戸口だけでなく木棺の中にも置かれるが、これには死者の性別は関わらない。死者は石錘のついた網を張ることができ、そうすることで悪霊や化物は近づくことができなくなるからである。網の目はあの世では粗くなってしまうので、目の細かい魚網を選ぶ。同じように、あの世ではこの世のものとは正反対のものがたくさんある。そのため、生きている人は右衽が左衽の上に重なった衣服を身に着けているのに対して、死んだ者は左衽が前で右衽の上に重なった死装束に身を包んでいる。あの世に到着するやいなや、そこでは物事がこの世とは反対になるので、死者は相応しい服装をしていることになるのである。

この時までに集まった親族が故人との共食を終えた後、しばしば亡くなってから数日後に、故人は茣蓙に包まれた状態で、足を先にして家から運び出される。この姿勢で運び出すのは、故人が愛する自宅の方を振り返り、留まろうとすることがないようにするためだと考えられている。埋葬場所では木棺が組み立てられ、遺体は身体を伸ばした状態で安置される。そのとき、茣蓙のうちの半分だけが遺体を包むために用いられる。茣蓙は、その魂が外へ抜け出せるように、数か所切れ込みを入れる。また、胃を患って亡くなった人の場合は、小刀で胃に小さな切り傷を付け、裂を包帯として使用する。そうでなければ、生存者も同様の胃の病いに苦しむことになる。フシコの娘の一人が、胃が膨れ上がって死んだ時、このようにしたが、この行為は遺族にとっては不愉快なものである。

埋葬品は木棺に納められる。故人が男性である場合はキセルや食器を、女性の場合は台所用具が含まれる。木棺に蓋をした後、その上に軽く盛り土をする。次に、残りの半分の茣蓙を細かく切って盛り土の上に広げる。墓標は、樹皮の上半分をはいだトドマツの幹である。ただし、この方法は温期にのみ可能である。地面が凍っているときは、アイヌは二つの丸太を地面に置き、その上に蓋をした木棺を置くだけである。寒期の埋葬の過程を説明する際、アイヌは自分たちの慣習は、特別に高くした場所に棺を置くウイルタのものとはかなり異なることを強調している。

葬式とその準備に勝るとも劣らず重要なのは、会葬者が墓地にいる間に故人の家で行われる浄めの儀礼である。この儀礼は、儀式の詳細に明るい年配の女性または男性によって行われる。木幣にしたトドマツの枝で家から埃や煤を掃きだすことから始まる。囲炉裏とそれに関連する物の掃除には特に注意が払われる。その目的は、死によって引き起こされた穢れを除き、新しく清らかな火を焚くことで、火の媼神の蘇生を確実なものにすることにある。したがって、火の媼神の屍である囲炉裏の灰は取り除かれて、家の東側にある一定の場所に運んでいって祈りを捧げ、浜からとってきた新しい砂を古い砂の代わりに入れる。鍋の底についている古い火によってできた煤は細心の注意をもって取り除かれる。さらに、故人が亡くなる前に集められたすべての薪は穢れているため、捨てて新たに伐った薪を運び込む必要がある。同様に、火の媼神の囲炉裏に捧げられていた古い一対の木幣を取り除く必要がある。会葬者は墓地から戻ると、手を水で浄め、新たに清らかになった囲炉裏で調理した刻みギョウジャニンニクを使った特別な料理を食べなければならない。葬式の数日後、灰を新しくするもう一つの儀式が行われ、火の媼神に捧げる一対の新しい木幣が作られる。そうして初めて、この手の込んだ葬式が終わる。

首長の葬式

首長や他の偉人の死には、特別な、そしてまったく異なるタイプの遺体の処置が必要となる。上記の手順と異なる主な点が四つある。①遺体の切開。②棺の上に屋根型の特別な構造物を作ること。③季節を問わず棺を地面に敷いた二本の丸太の上に置くこと。④棺が墓地の特別な場所に安置されること。このタイプの葬式がなされた男性二人どちらの場合も、葬式に関して詳しく知るただ一人の人物であるフシコの父親が指示を下した。しかし関係者は、近年行われたことがあるのを知っていたにもかかわらず、遺体を切り開いたわけではなかった。よく知られたアイヌ民話の一つ（Ohnuki-Tierney 1969b 第二三話）にもこの慣習が描かれている。[61] この物語では、ウイルタとの戦争中にアイヌの偉大な指導者であった二人の兄弟が死んだとき、集落の人々は兄弟の心臓を開いて見た。兄の心臓に髪の束があり、弟の心臓は白い燧石でできていた。この事実は、アイヌにこの兄弟が非常に偉大だった理由を語っている。樺太アイヌが亡くなった首長のために行う精巧な葬式のやり方は、初期の日本の探検家の目に留まり、幸いにも一九世紀初頭以来のこの慣習に関する記述が残されている（近藤一八〇四：n.p.；間宮一八五五：三四〇）。いずれの記述も、当時のアイヌが亡くなった首長の腸をすべて取り出し、遺体を長期間保存し、空っぽの胃を毎日洗って乾燥させ、その腐敗を防いだことを示している。間宮林蔵の報告はさらに、その全過程が亡くなった長老の妻の責任だったと述べている。遺体が腐敗し始めた場合、妻は殺され、その葬式は首長の葬式に先立って行われたという。したがって、遺体の切開とそれに付随する特徴は割愛されていたものの、長老のために特別な葬式を行うことが慣習として残っていたことを知ることができる。[62]

あの世

社会的地位に関係なく、家の中で亡くなったアイヌは、あの世で生活を再開すると信じられている。アイヌ語のヤヤシリカ *yayasirika*（蘇る）という言葉は、アイヌの再生の概念で、赤ちゃんとして生まれ変わることを意味するものではない。したがって、死者はあの世で生まれ変わるのだという意味は、死者が、この世を去った時の年齢のまま生活を再開すると考えられているということである。

アイヌの死の世界について知られていることはすべて、「一時的な死」で亡くなった人たちからの情報によっている。一時的な死の体験者というのは、異常に長い時間眠っていたり、長期間意識を失っていた人を指す。いずれにせよ、これらの一時的な死はわりとしばしばあったそうである（フシコはこれまでに二度経験した）。魂は身体を離れ、一時的にあの世を訪れる。一時的に「死亡」した後にその体験を語る人たちが決まって強調するある特定のテーマがある。[63] その体験談は決まって語り手が二つの世界をつなぐ真っ暗で狭いトンネルや洞窟の中を歩いたり這っていったりするところから始まる。そして、ほとんど常に、語り手は自分の死んだ親族が暮らす集落の山側に出る。こうした物語を聞くと、二つの世界を背中合わせにつなぐ山の下にトンネルのイメージが浮かんでくる。実際、アイヌ語であの世のことを「アウル・ウン・コタン *auru un kotan*」と言い、「隣・にある・集落」を意味する。多くの集落の中やその近くには、実際にアイヌが二つの世界をつなぐと言っている洞窟がある。ただし、これらの洞窟やトンネルは、山の下にあると言うわけではなく海岸から丘の中腹まで様々な場所に存在している。

ほとんどの場合、この世はあの世の青写真であり、この世にある夏の集落のように、死者の集落は海岸近くにあり、死者は漁撈、狩猟、植物採集、機織りなどのなじみのある活動を行っている。アイヌの生活の忠実な仲間である犬がいて、化物、悪霊もまたそこに存在する。このように二つの世界は似ているにもかかわらず、一年の季節など、特定の事柄は常に正反対である。そのため、この世が冬であるときにそこを訪れたアイヌは、亡くなった親族が魚を捕まえて乾燥させているのを目撃する。生者はあの世を訪れることができるが、生者と死者との間でコミュニケーションはとることができない。死者は生きたまま訪ねてきた者を見ることも、その声を聞くこともできない。例えば、あの世を訪れた誰もが、自分の亡くなった両親、おじさん、おばさんなどが、自分がいることに気付かずに前を通りすぎていったと語っている。死者はしばしば自分たちの飼いイヌがなぜ吠えるのか不思議に思うだろう。生者のにおいがするので、犬だけは生きている人が訪ねてきたことに気づくようである。

あの世に関連して、人殺し、泥棒、嘘つき、姦通者などの悪人の処罰に関する情報がある。しかし、この情報は、「悪い」アイヌが死後に、どこへ行くのかという質問を受けたときにのみ提供される。アイヌの法を犯した最も罪の重い者は巨大な鉄の釜で茹でられ、軽い者は罰を受けて浄められ、死んだ親戚の仲間に加わることが許されると説明する。悪人の処罰は、あの世のどこかで行われる。大釜を使用するなどの処罰方法の説明から、この部分は、アイヌが日本仏教の地獄の概念に晒された後に、伝統的な見解に加えられた可能性が高いと考えられる。

樺太や北海道の他の地域のアイヌも、あの世について同様の考えを持っているようである。二つの世界で生活様式が類似していること、二つの世界の時間的単位の逆転していること、二つの世界をつなぐ通路としての洞窟やトンネルの概念などのテーマを共有している。しかし、いくつかの重要な違いがある。例えば、北海道のアイヌは「地獄」を強調し、死者の世界は地下にあると説明することが多いと報告されている。北海道アイヌの中には、普通のアイヌの行くあの世と、そのさらに下方にある悪人が送られるあの世の二つがあると考えている人もいる（北海道アイヌの死後の世界観については、Ohnuki-Tierney 1968: 156-158 参照）。北西海岸のアイヌが考えるあの世は、この世とちょうど同じものであり、キリスト教や仏教の「地獄」や「天国」を死後の世界に含んでいる如何なる枠組みの中でも理解されるべきではない。

葬儀―屋外で死んだ場合

屋内で死亡したため普通のあの世に行く人とは対照的に、屋外で死亡した場合は、全く異なるタイプの葬式が必要になる。こうした場合の全てで、遺体は家に持ち帰られることもなく、墓地の通常の区画に埋葬されることもない。さらに、これらの死者の魂は、死んだアイヌの世界とは別の場所に旅立つこともある。アイヌ語のソヨイサム *soyoisam*（外での死）とは、水死、クマによる死、故意に家の近くの草小屋に入れられた老人や狂人の死、自殺や急な致死性の病いによる死など、外で行われるすべてのタイプの死のことである。ここでは、前者の二種類の死亡のみを扱う。屋外での死の中でも、水死はアイヌが最も恐れるものであり、手の込んだ葬式が行われる。このタイプの死を指すアイヌ語はアトゥイ・イサム *atuy isam*（海での死）だが、溺死から巨大なタコによると思われる絞殺に至るまでの原因を持つ、川、湖、海でのすべての死が含まれる。亡くなった人が最後に目撃された場所の砂浜に、家族と親族がまず莫蓙で作ったティピー（北米先住民の獣皮製の小屋）型の小屋を建てる。そして、焚き火をして、遺体が海岸に流れ着くまで火を焚き続ける。焚火が遺体を引き寄せるのだと信じられている。葬式にむけて親族を集めるために、他の集落に使者を派遣する。男性は棺の部品を作り、女性は葬式の食事の準備をし、死装束を縫う。これらの活動はすべて小屋で行われる必要がある。遺体が見つかった場合は、墓地ではなく、砂浜の横の草原に埋葬しなければならない。遺体が見つからない場合は、空の棺で同様の儀式を行わなければならない。小屋から埋葬地までの葬列は、男性の長老と長老の先導に従う年配の女性で構成されている。その間に男性は刀を左右に振り、刀を振るたびに叫び声をあげ、女性は自らの小刀で悪霊祓いの儀式を行う。刀と小刀を振ることが、故人の魂を奪おうとする悪霊を殺すと信じられている。埋葬する場所には、通常の墓標の代わりに、イナウシ *inausi* と呼ばれる木幣で作られた小さな祭壇を建てる。故人がかつて住んでいた家は、どんなに最近建てられたものであっても斧で取り壊さなければならず、材木の再利用は許されていない。水死した人の魂は、天上にある神々の世界に行くと信じられている。フシコはこれまでにこのような特殊な葬式を三回観察した。

実際の発生場所が海岸であろうと山であろうと関係なく、クマによる死は、クマが山にすむ神であることからキモイサム *kimoisam*（山での死）と呼ばれている。クマに殺されたアイヌは、人間のあの世に行く前に山の神々の世界を訪れると考えられている。そのため、特別な安置・埋葬処理が必要になる。葬式は、クマが故人を殺したまさにその場所で直ちに執り行わなければならない。被害者もその場所に埋葬されなければならない。棺は用いられない。他の男たちが罪を犯したクマを殺すことに成功した場合、故人の魂を開放するために胃を切開した後、人を噛み殺した罰としてクマの口に木片を挿入する。この木のおかげで、クマが、クマのあの世で食事をとることができなくなると考えられている。そして、アイヌはかなり深い穴を掘り、底にクマを、その上に被害者を置く。この埋葬方法は、人間の殺人者の埋葬と類似しており、人間の殺人者も、被害者の下の穴の底に置かれる（第五章）。このように、埋葬の方法は、クマが殺人者であることを象徴的に認めているように見える。穴の上に土がかぶせられた後、その場所に木幣で作られた祭壇が建てられる。男性と年配の女性だけがクマの埋葬に参加することが許されている。ただし、水死とは異なり、悪霊祓いも家の取り壊しもなされない。

水死した者とクマに殺された者の葬式に共通しているのは、埋葬地に祭壇を建てることと、死者の魂が神の世界に行くと信じられていることである。水死した場合は空に行き、クマに殺された場合は山に行く。アイヌでは、この二つの死因で亡くなった人を、少なくとも一時的には神として扱っているようである。遺族たちは、少なくとも年に三回は定期的に祭壇を訪れ、木幣を新調する。また、この種の祭壇の前を通ったり、舟に乗っているとき陸地に祭壇を発見したりした場合には、供養に適したタバコやギョウジャニンニクなどの手元にある物を供えて、略式の儀礼を行うことになっている。

アイヌがこの世での人生の最後の段階である「死」に関して、細心の注意を払って処理するのは、死者の魂があるべき場所に行き、生き続けることができるようにするためである。亡くなった先祖は生きているアイヌの生活になくてはならない存在である。亡くなった先祖はアイヌを見守っているが、適切に扱われないと難事を働く原因となる。アイヌが死者を適切に埋葬することは、生きている者と亡くなった先祖との密接な関係の中で理解されなければならない。そのため、アイヌが死者を畏れていることを強調した記述をよく見かけるが、アイヌは死者を恐れるというよりも、場を失った魂を畏れているように見える。そういう理由があるからこそ、アイヌは葬式を規定通りに行うことを重視しているのである。

第五章　アイヌ社会

前章ではアイヌの個人に焦点を当てていたのに対し、本章ではアイヌの社会に焦点を当てる。ただし、アイヌ社会という概念は、人為的に構成されたものであり、アイヌにとっては異質なものであることに留意する必要がある。人間社会とは、神や化物などの存在が人間（アイヌ）と密接に接触して生活しているアイヌの宇宙を構成する要素の一部にすぎないのである。

アイヌの社会は、大きさの順に並べると、北西海岸全体、個々の集落、家族といった単位で構成されている。

北西海岸

北西海岸の集落は、親族関係や頻繁な接触によって密接に結びついており、地域が全体として機能している。*二つの大きな集落があるが、北西海岸の集落のほとんどは一〇家族以下の集落であり、数家族

＊　ウシトモナイポ（鵜城）のアイヌが話す方言は、ライチシカ（来知志）、フロオチ（幌千）、エシトゥリ（恵須取）などの他の集落で話されるものと少し違うと報告されている（服部一九五七：一五九）。しかし、著者の聞き取りでは、親族関係、経済協力などを通じて、ウシトモナイポ集落は北西海岸の他の集落、特にフロオチ集落と密接な関係を持っていたことを示唆している。

しか見られない集落も珍しくない。海岸沿いに点在する小規模な集落の総人口はおおまかに二〇家族一五〇人と推定される。最大の集落はライチシカ（来知志）にあり、川、湖、海岸線に恵まれ、北西海岸のすべての集落の中で最も天然資源が豊富である。この集落の推定人口は約二〇家族一五〇人で、次に大きいのは旧ウシトモナイポ（鵜城）集落であった。二〇世紀前半に三つの小さな集落に分散したが、まとめてウシトモナイポ集落と呼ばれ続けていた。総人口は約一五家族一〇〇人程度であったようである。アイヌによると、かつてはポロコタン *Poro Kotan*、ナヤシ *Nayasi*（名好《なよし》）、ライチシカ（来知志）、ウシトモナイポ（鵜城）といった大規模な集落の一部はもっと人口が多かったが（Ohnuki-Tierney 1968: 47-49 参照）、それ以外の地域は人口の少ない集落が散在していることを特徴としていた。二〇世紀前半の北西海岸の総人口は約四〇〇人と筆者は推定しているが、この数字は公式の人口調査の数字よりもはるかに大きい。第一章で述べたように、日本政府のアイヌ人口調査では、辺鄙な北西海岸が除外されていることが多く、対象となっていた場合でさえ、散在する集落に暮らすアイヌは無視されていたようである（北西海岸の人口調査の数値の一部はアイヌ文化保存対策協議会編一九七〇：一二一‐一五に引用されている）。ここで研究の対象となっているアイヌ社会は、非常に小さな社会である。

アイヌは、規模に関わらず、集落のことをコタンと呼んでいる。ライチシカやウシトモナイポにあるような大きな集落には下位の小集落がいくつかある。一軒だけの「集落」は、全く珍しいわけではなく、これもコタンと呼ばれている。[64]

集落は海岸沿いに位置しており、必ずというわけではないが、たいていは漁撈可能な川の近くにある。家々は常に海岸から少し離れたところに一列に並んで建てられている。集落内の家の位置と家の所有者の社会的地位との間には相関関係はない。第二章で述べたように、アイヌはかつて冬の間は上流に移動していたが、冬でも暖かかったオプサハナイポ *Opusahnaypo*（小草《おくさ》）などの集落では、年間を通じて海岸沿いの集落に留まっていた。集落に隣接する土地や水は、裏山も含めて集落の共同所有となるのが普通で、集落の中心となるのは男系の同じ先祖を持つ男性たち（male agnates）である。原則として、部外者が集落の領域の中で狩猟や漁撈をしようとする場合は、まずその集落の首長から許可を得なければならない。しかしアイヌは領域内に侵入してくることをそれほど懸念していない。それは隣接する集落の住民は多くの場合親類であり、後述のように、隣接する集落はお互いの天然資源に大いに依存していることとが大きい。ある地域の重要な狩猟動物が、特定の親族集団に属していると考えられることは、ごく稀である。例えば、シリパンクシナイ *Siripankusnay*[65]と呼ばれる小さな川はフシコの夫の家族に属していた。それは、夫と、夫と父系を同じくする近親の男性だけがテン罠猟を行うことができるという意味でのことである。他の人は川で魚を捕ったり他のことをしたりすることはできても、テンを獲ることは許されていなかった[66]（北海道沙流アイヌの高度に発達した領域概念に関してはWatanabe 1964の議論を参照）。

個々の集落

それぞれの集落の構造は、人口の規模に応じてかなり異なっている。わずか数家族からなる小規模な集落は組織化された政治機構を有していないことが普通だが、それが存在する大規模な集落の政治的な支配下にあるわけではない。このような小さな集落は、ニシンの群来などの特定の食糧資源を利用するために形成されることが多い。例えば、ニシンが岸に来なくなると、集落は解散してしまうことがある。

そのため、かつては集落があったが、現在ではオハ・コタン（空の・集落）と呼ばれる場所が数多く存在している。

比較的大きな集落では、通常、首長（コタン・コロ・ニシパ *kotan koro nispa*）、補佐役（ハチコ・コタン・コロ・ニシパ *hačiko kotan koro nispa*）、および連絡係（ソンココロ・アイヌ *sonkokoro aynu*）という三つの公式の役職がある。連絡係は結婚式や葬式などの重要な行事を知らせるために、関係する集落に出向く。首長の他に、コタン・アイサラ・カムイ *kotan aysara kamuy*（聖なる首長）と呼ばれる役人がいることもある。彼は常に非常に尊敬されている長老であり、したがって敬意を表してカムイ（神）と呼ばれている。[67] 首長が尊敬されている長老である場合、首長と聖なる首長を兼任していることがある。

首長の地位の交代は、首長が死亡したとき、老齢のために引退したとき、または漁撈や狩猟に専念するために辞職したいときに行われる。新しい首長の選出は、どちらかというと非公式に行われる。この決定に関与するのは、現職の首長（首長が存命の場合）、補佐役、連絡係、その他コミュニティの重要な男性の長老たちである。首長になることのできる人は、前首長の長男、首長の弟、父系を同じくする近親の男性という順番になる。ただし、アイヌが言うように、「良い首長がいない集落はさびれた集落のようなもの」となるため、後継者には職務を遂行する能力がなければならない。そのため、前の首長と親族関係のない人が首長の地位に選ばれることも珍しいことではなく、最適任と判断された場合には、関係のある別の集落出身の者が任命されることもある。例えば、ライチシカ集落の長だったヘンチョーカ Henčo:ka が自殺したとき、集落の人々は、当時近くのオタスフ *Otasuh*（小田洲）集落に住んでいたヘンチョーカの父親の妹の息子（フシコのキョウダイ）を招いた。彼は、自分はまだ若いこととライチシカにはもっと年上の有能な男性たちがいることを知っていたので、申し出を断った。こうして、亡くなった首長と血縁関係がなかったものの、フシコの夫であるノートパ・アイヌ No:topa Aynu が首長の地位を継承した。

首長はアイヌの生活様式に通じた知恵のある男性でなければならない。また、人格も重要である。何よりも、自分の持っているものまで分配するといった気前の良さを持って、人々を大切にしなければならない。首長は普通、多くの妻を養う余裕があったり、費用のかさむ事業であるクマ送りを毎年のように主催できたりするだけの裕福な男性である。他にも様々な豊かさの指標があるが、その中でも特に重要なのは、舟、ソリやソリ犬、二つ以上の倉を所有していること、使用人たちがいることである。アイヌにとってもう一つの重要な豊かさの指標となるのは、囲炉裏が二つある家で、トゥ・ウンチ・オ・チセ *tu unči o čise*（二つの・炉・がある・家）やポロ・チセ *poro čise*（大きな・家）と呼ばれている。他に豊かさを表すものには、日本の漆器や刀剣、サンタン人のトルコ石の玉など、他民族との物々交換で手に入れたものがある。このように、豊かになるためには、外来の物と交換可能なだけの毛皮や魚油などの天然資源を余分に手に入れることのできる腕の良い狩人・漁師でなければならない。

アイヌの富の概念には、我々のものとは異なる重要な特徴がある。それは、アイヌの富を表すモノの大半は宗教的な性格を帯びているということである。そのため、アイヌにとって囲炉裏が二つある家は、何よりも囲炉裏の女神（媼神）のための座席が二つある神聖な家ということになる。それはまた、渡来品の主要な機能は神々への捧げ物として用いられることであるため、神々への捧げ物がたくさん祀られている家でもある。また、裕福な男性は、後に儀式で送るために子グマを捕らえるのに長けた猟師であることが多い。このように、裕福な家では、ほとんど毎年、屋外で神聖な子グマが養われている。概して、二つの囲炉裏がある家は、至る所に神々の雰囲気を感じられる非常に神聖な家を意味している。多くの場合、女性はこうした神聖な家の近くにおいて大声で話すことを禁じられている。ライチシカには二つの囲炉裏を持つ家が三軒あり、そのうちの一つはそこの集落の首長のものだった。フロオチには一つしかなく、それは首長が所有していたものであったが、首長は普通の住居であるポン・チセ *pon čise*（小さな・家）も持っていた。アイヌの首長とは、「理想の男性」であり、猟師・漁師であり、神々に対して恭しい人であり、アイヌの生き方を熟知している気前の良い人である。文化英雄が世界の初めのアイヌの大きな集落の長として描かれているだけでなく、過去の多くの偉大な首長が伝説になっており、アイヌの口承文芸の多くでは、こうした首長の立派な行動が中心となっている（第三章）。

首長の役割は主に、対外的には戦争を、集落内に対しては秩序維持を司ることである。アイヌにとってトゥミ *tumi*（戦争）とは、少数の武装した男性による襲撃のことである。さらにこの言葉は、北西海岸では他のアイヌとの戦争は知られていないため、この地域のアイヌにとって、自分たちの集落の一つとアイヌ以外の集団との争いを意味している（北海道アイヌだけでなく、他の樺太アイヌの口承文芸にはアイヌ内部での戦いの話がある）[68]。二〇世紀前半、北西海岸では戦争が見られなかったが、口承文芸には、ウイルタの集落への「軍事的」な遠征や、ウイルタによる北西海岸の集落への襲撃が描かれている[69]。これらの戦争は一般的に、ほかの集団からの先制攻撃への報復、仲間が殺されたことへの復讐、あるいは何らかの侮辱によってつぶされた面目の回復を目的として行われた。アイヌの戦いには、平和維持や領有権の主張、政治的征服欲などの問題は見られない。このような散発的な相互攻撃の結果、多少の犠牲者が出ることが多い。女性や子供は男たちとともに戦闘に加わることはないが、彼らの集落が攻撃されると犠牲者になることが多い。

「集落内の秩序」を維持するものとしての首長の役割は、独裁的なものではない。彼は単に会議を主宰するだけであり、そこでは特定の司法事件について多くの人々が議論する。ほとんどのいざこざは当人間で解決されるため、このような会議が開催されることは稀なことである。問題が非常に深刻である場合にのみ、正式な会議が開催される。通常、それは男性の長老で構成されるが、多くの場合、被告または原告に関係する他の集落から長老も参加する。しかし、事件によって、会議の参加者は異なる。例えば、女性と既婚男性の不倫であれば、出席者はもっぱら高齢の女性に限定される。そのような審問が昔はよく行われていたと言われているが、二〇世紀前半には一回しか行われていなかった。事件に関与した既婚男性の母親が出席していたことだけしか知られていない。この女性会議のメンバーの親族関係など、他の情報は残されていない。

アイヌの法律で最も重い罪は殺人罪で、有罪判決を下されたものは、少なくとも理論的には自らの命をもって償わなければならない。その他の罪としては、姦通罪、窃盗罪、偽証罪などがある。筆者の資料によると、姦通が犯罪の中で最も大きな割合を占めている。処罰の形態は、基本的に二つのタイプがある。「死刑」と宝物による償いである。死刑は殺人犯にのみ科せられるもので、加害者は被害者の真下に生きたまま埋められるが、この時、棺は用いられない。それ以外の犯罪については、償いを支払わなければならない。その額は、罪の重さに応じて審問で決められる。毛皮、漆器、刀剣、渡来の衣類などのアイヌの宝物が償いに充てられる。追放が刑罰として用いられることは決してない。

アイヌの刑罰を正しく理解するために不可欠なのは、刑罰は罪を犯した者の魂を対象としているという認識である。第四章で見たように、適切な葬式を行うことによってのみ、死者のあの世での平穏な暮らしが保証される。したがって、アイヌの「死刑」は、この世での個人の生命を否定するだけでなく、罪を犯した者の魂が、あの世界で蘇らないようにするものであり、実際、アイヌの誰にとっても耐え難いものである。また、宝物による償いは、罪を犯した者やその家族の魂に壊滅的な影響を与える。宝物は神々への捧げ物であるので、それを失うということは、罰を受けた者がそれまでの供物をする能力をもはや有しなくなったことを意味する。すなわち、償いを出したものは、食糧をはじめとする生活全般を司る神々との関係が危うくなるのである。

アイヌの法はいくつかの特別な性質をもち、これはアイヌ社会を統制する仕組みとしての法についての知見を与えてくれる。第一に、アイヌの殺人の定義には、人を死に至らせるあらゆる行為が含まれている。例えば、Aの口が悪いためにBを怒らせて自殺させるにいたった場合、Aは殺人者とみなされ、正式な裁判が行われなければならない。これは二〇世紀前半に二度起こっている。どちらの場合も、犯行を行ったのは同じ男であり、この男はしばしば口舌鋭く言葉を発していたようである。この二つの事件を調べてみると、アイヌの法律の二つ目の重要な側面が見えてくる。それは、どちらの事件でも「殺人犯」は被害者と親族関係にあったため、刑罰を免れたということである。アイヌの法律によると、遠縁であったとしても、被害者と犯人との間に何らかの親族関係がある場合には、殺人罪であっても刑罰が軽減され、ごく近い親族関係にある場合には無罪になることもある。つまり、北西海岸のアイヌのほとんどが何らかの親族関係を持っているため、厳罰に処されるのは極めて少ないということである。実際には、「長い議論の末に」、殺人者（たいていは故意ではないか過失によって犯行に及んだ者）が、被害者の下に生き埋めにされる前述のトイソホカラ *toysohkara*（死刑）を免れる事例が相次いでいる。[70] このように、アイヌの犯罪に関する筆者の資料では、このしきりに話題に上るトイソホカラが行われるのは、前章で見たように、人を殺したクマという「罪を犯した神」に限られていることが分かる。

アイヌの法律に見られるこの二つの側面は、好ましくない社会の住人を罰したり排除したりすることなく、社会の住人の間での協同と平和的な共存を促進するため効果的に組み込まれた仕組みであると考えられる。このように、心ならずも殺人者になってしまうことがないように、アイヌの「殺人」の定義は、アイヌ社会の住人が協力し、他人を動揺させたり、ひどく傷つけたりしないように誘導している。刑罰を軽減する仕組みとしての親族の絆の役割という二つ目の側面は、刑法を脅迫的な予防手段として保持しているにもかかわらず、実際は仲間を罰しない口実を見つけ出していることを示唆していると言ってよい。アイヌの法律の処罰に重きを置かない性質は、北西海岸では人口が非常に少なく、個人が生き残れるかは仲間に非常に大きく依存しているため、可能な限り彼らを社会の内に留めて置く。というのも、集団として彼らを更生させないという選択をとれるだけの余裕がないからである。東海岸や南海岸の樺太アイヌでは、同様の死刑（トイソホカラ）が利用されていたとされるが（千徳一九二九：一一；知里一九四四：五〇‐五三）、北海道アイヌでは、死刑は見られず、体部の切断・追放などの刑罰が存在すると報告されている（アイヌ文化保存対策協議会編一九七〇：一七一‐一七三）。

アイヌの法律と犯罪に関する上記の説明は、社会的な侵害行為や個人間の意見の相違の大部分は形式的な法律によらずに処理されているという事実を明らかにしている。これには主に二つの理由がある。

一つ目は、アイヌが好ましくないと考える行為であっても、アイヌの法律のもとでは犯罪にならないものが多く存在することである。例えば、筆者の資料には、子どもが大人に重傷を負わされた事例がいくつかある。しかし、未成年者に対する暴力行為は、たとえ殺人であっても死刑にはならない。その犯罪に対して裁判が行われることすらほとんどない。二つ目は、犯罪と認められている場合でさえ、ほとんどのいざこざは当事者間で解決される。したがって、姦通という重大な犯罪であっても、正式な裁判が行われることはめったにない。他の手続きは、紛争を解決し、競争を減らすために働く。最も簡単で、かつ、最も効率的な方法の一つは、紛争の一方の当事者が自発的に集落を離れることである。先に述べたように、フシコの父親は、ライチシカ集落の名家の跡取りに選ばれなかったため、その集落を離れた。同様に、彼の娘の一人が後にオプサハナイポの集落で地元の男性に打ち殺されたときも、その結果として生じた悪い感情を和らげるために、彼は再び家族と一緒に集落を移動した。このように紛争に対応しようとする姿勢によって、前節で述べたような正式な裁判がごく稀にしか行われないことがさらに確実なものとなっている。

集落内の裕福な男性であることが多い政治指導者に加えて、一般のアイヌと、社会的な階層の一番下に位置するごく限られた数の召使いがいる。召使いには二つのタイプがある。その中には、結婚して自給自足できるまで親戚が家事手伝いとして引き取っている孤児と、集落に親族がいない、あるいは集落の近くに親族がいない者がいる。後者は前者に比べて身分が低く、待遇も良くないことがある。一八五五年、日本の有名な探検家である間宮林蔵は、サンタン人、ニヴフ、ウイルタによってアイヌが搾取されていた時代に、アイヌはその借金を返すために、親戚関係にない仲間のアイヌを彼らに「売った」と報告している（間宮一八五五：三三五）。また、北西海岸の民話では、ウィルタとの戦いに出る前に、ライチシカの二人の英雄が召使いを殺し、その肝臓で刀を鍛えている（Ohnuki-Tierney 1969b の第二三話）。これらの情報から、過去には「奴隷」というカテゴリーの人々がいた可能性が示唆されている。彼らには、親族がいなかったため、仲間の「所有者」のなすがままであった（「奴隷制」は北海道アイヌに存在していたと報告されている。高倉一九六六：一八を参照）。

アイヌには職業的な専門分化はなく、誰もが複数の経済活動に従事しなければならない。それに加えて、シャーマンや政治的・宗教的指導者、つまり首長のような仕事をするものがいる。シャーマンは、奉仕の謝礼として物を受け取ることはあっても、その特殊技能の結果として物質的な富を蓄積することは決してないようである。アイヌの間では相互扶助が定着していたことから物々交換は限られていた。そのため北西海岸集落のアイヌは特定の獲物や魚を獲ったり、植物を採集したりするために他の集落に出向くことができる。物品の交換が必要な場合には、干し魚一箱、漂白したイラクサ繊維一束、特定の動物の毛皮一枚など、半標準「価格」がある。アイヌの経済取引の特徴は、「価格」が支払い能力によって決まることである。このように、物々交換する際や、シャーマニズムの儀式に謝礼を渡す際には、地位が高く、それゆえに富を持つ者は、同じ商品や奉仕に対して、普通のアイヌが支払うよりも高い代金を支払わなければならない。このように、半標準価格は、経済取引の大まかな指針に過ぎないのである。

親族と婚姻

こうした集落のそれぞれにおいて、中心的なメンバーは、必ずというわけではないが、同じ男子の先祖をもつ男性（male agnates）であることが多い。アイヌの最小の社会単位である家族は、核家族、あるいは往々にして拡大家族（extended family）である。多くの場合、男性とその妻と子ども、特に男性が長男である場合にはその両親で構成されている。しかし、長男が一時的または永続的に他の場所に住んでおり、他の兄弟の誰かが両親の世話をすることは珍しいことではない。妻の両親や妻と血縁関係にあるものが夫の家族と同居することに対するタブーはない。前述したように、フシコは、父親が父系の親戚が住むライチシカに去ることを選んだため、結婚するまでずっと母方の親戚が住む集落で過ごしていた。

分割不可能な男性の財産は通常、長男が相続するが、その代わりに長男は両親の世話をする。これらの財産は、家、舟、ソリ、そして稀には特定の地域で特定の獲物を捕獲することに対する権利などで構成されている。しかし、男性がこの相続規則を意味のあるものにするほど裕福であることは稀であり、長男が何らかの理由で集落を離れ、他の兄弟の一人が家を相続する代わりに両親の世話をすることも珍しくない。毛皮、刀剣、漆器などの容易に分割可能な男性の財産の分け前も長男が一番多く、残りの部分は他の息子の間で均等に分割される。養子や婿（息子がいない場合）は実の子と同等の権利を持つ。この場合もやはり、アイヌは財産を蓄積することが少ないため、息子の取り分はほとんどないことが普通である。財産分与は、息子が結婚した時か、父親が死亡した時に行われる。寡婦の面倒を見るのは息子（普通は長男）の義務であるため、財産は妻（たち）に渡されることはない。前述したように、ごく稀にだが、男性の財産の一部が結婚持参財（dowry）の形で婿に与えられることがある。

女性の財産は、衣類、首飾り、耳輪、織機、台所用品などのモノで構成されている。これらの品は、娘が結婚したとき、あるいは母親が死亡した時に相続される。夫婦は通常、夫の両親が暮らす集落に居住しているため、女性の血族（父方も母方も含む）は北西海岸に分散しており、社会的に強制された協同活動はなく、まとまりのある集団を形成することはできない。裁判をめぐる女性の構成員は不明であるが、出産時や他のほとんどの場合に、その時に都合のつく女性が集まり、中心人物の母親が重要な役割を果たすことが多い。

婚姻における唯一のタブーは、自分の核家族の一員と結婚すること、または父親や母親の（性別を問わない）キョウダイ（sibling）の子供（「第一イトコ」）と結婚することである。同一の核家族の一員である二人の結婚によって生まれた子供は奇形となり、第一イトコ同士の結婚によって生まれた子供は体力が低下すると説明されている。しかし、アイヌは、すでに親戚関係にある者同士での結婚を好んでいる。そのため、結婚は同じ集落の者同士、あるいは関係のある二つの集落の者の間で行われることが多い。クマの送り儀礼は、遠く離れた集落の人たちが集まる数少ない機会の一つであり、この儀式で若者たちが結婚相手を見つけたり、より多くの場合、両親が決めたいいなずけと結婚する。親族関係にある者同士の結婚が好まれるため、夫婦は、遠縁の血縁関係だけでなく、自分たち以外に姻戚関係にあることが多い。そのうえ、フシコが最初の夫であるノートパ・アイヌと結婚する前、彼の妹はフシコの異母兄弟と結婚していた。さらに、ノートパ・アイヌの母は、フシコが結婚した時、フシコの父の小妻であった。フシコは自分と夫との間に親族関係はないと考えていたが、それは、夫の母親がフシコの父親の小妻となるずっと前に、他の男性との結婚によって生まれた子供であったからである。（北海道沙流アイヌの社会構造と母系間の結婚のタブーについては、瀬川一九五二：六二‐七〇；杉浦一九五二：三‐二八；Seligman（Munro 1963: 141-158［マンロー二〇〇二：二〇六‐二二七］）；Sugiura & Befu 1962参照）。

アイヌは一夫多妻を行っている。つまり、二世帯以上を養う余裕のある有力な男性は、一般的に二人の妻を持ち、場合によってはそれより多くの妻を持つことがある。男性は最初に両親が決めた許嫁であるオンネマハ *onnemah*（年上の妻）と結婚することが少なくなく、その後、恋愛感情からポンマハ *ponmah*（小さな妻）と呼ばれる小妻を娶ることがある。最初の結婚で子どもが生まれないために、小妻（たち）を娶ることもある。小妻は、二つの点から不倫相手とははっきり区別されている。第一に、最初の結婚よりもずっと簡単な儀式で、持参財もないが、正式に結婚しているということである。第二に、先に見たように、男性の分割可能な財産は、すべての妻の息子に平等に分配される。しかし、前述の分割不可能な財産は、小妻の長男の方が年上であっても、最初の妻の長男の手に渡る。小妻には、文化的に定められた居住規則はない。多くの場合、小妻は自分の集落に別の世帯を作る。そのため、最初の妻と同じ集落に居住することもあれば、別の場所に居住することもある。二人の妻が同じ屋根の下で暮らすことはほとんどないが、筆者の取材では、このようなことが起こった三つの事例全てで、男性が首長であったことが証明されている。二人の妻が別々に居住している場合、男性が片方の家庭を訪ねている間、もう片方の家庭は放置されることが多い。

アイヌは、一夫多妻の慣習を、他人から見て男の地位を高めるものと考えている。アメリカで給料や職業、学歴などが能力の具体的な指標とされているように、その人の能力を具体的に証明するものである。一夫多妻は、男性にとっても、それぞれの家族にとっても有利なものと考えられている。つまり、より多くの妻がいることは通常、より多くの子どもがいることを意味する。これは同様に、男性にとっては老後により安泰に暮らすことができることを意味している。というのも、老後を安穏に暮らすには、自分の子どもたちによって面倒を見てもらうのが最も確実だからである。この慣習は子どもにとっても有利であると考えられている。それは、異母キョウダイの方が、困った時には他人よりも助けてくれる可能性が高いからである。それゆえ、夫が二人目の妻を娶ることを許し、時にはそれを奨励するのが女性にとって賢明であるというのが、この慣習についての女性の心構えにおける規範である。しかし、その規範や理想のパターンは、当事者の気持ちと合致しているわけでは必ずしもない。フシコは、この慣習を受け入れるのに動じず他の妻とうまくやっている賢明な妻たちを賞賛した後、ほとんどの女性と同様に、個人的には夫を共有するという考えは好きではないと強く強調している。フシコはまた、ほとんどの女性は最初の妻になる方をずっと望むが、もし女性が既婚男性と恋に落ちたとすると、その地位を得ることができないことは明らかだと付け加えた。

二種類の一夫多妻婚を簡単に説明してきたが、このシステムが実際にどのように機能するかをさらに説明する必要があるだろう。ライチシカで一番の名家の当主であった男には二人の妻がいたが、その妻たちは全くの不仲であった。小妻の息子はフシコの父親で、この男の最初の妻の息子よりも年上だった。規則に従い、最初の妻の長男である年下の男が名家の跡取りとなった。この結果は、全面的な利害の対立に加えて、フシコの父親が集落を離れるという結末になった。父は跡取りとなった異母兄弟を恨むことはなかったが、その母親には敵意を持ったままであった。その後、フシコの父と母の家族は、ほとんどどをフシコの母の親戚が住んでいたところで過ごした。フシコの母の死後、フシコの父とその小妻セタペコロ Setapekoro は、フシコとその夫（セタペコロの息子）が住んでいたライチシカに移ってきた。フシコの父親自身、多くの妻子を持つことに誇りを持っていた。フシコの父が近くの集落でセタペコロと一緒に暮らしていた数年間は、フシコの母が一人で家族を養わなければならなかった。しかし、二人の女性は仲が良く、出産の時には助け合っていた。フシコ自身は、父の妻の一人であり、同時に義母でもあったセタペコロを非常によく思っている。

上記のような一夫多妻の実践にまつわる心理的な葛藤や人間的な要素は、部外者に理解が難しいものではないかもしれない。しかし、アイヌ女性の心理には、文化的なパターン形成に起因するもう一つの側面がある。それは、アイヌの女性は、夫が自分より若い未婚女性や未亡人を恋人や小妻とした場合、驚くほど寛容さを示すということである。若い女性は自分よりも「よく知っている」と期待されていないし、独身女性や未亡人は孤独で男性の助けを必要としていると認識されているため、彼女は苦もなく我慢することができる。このような認識とそれがもたらす同情は、狩猟や漁撈などの男性の活動を禁じられた配偶者（夫）のいない女性の生活の難しさを反映している。年齢と婚姻状況の関連性についての情報は、夫がフシコの父の異母兄弟の息子の妻である女性と不倫したときの苦悩を語ったフシコの話から得られたものである。この女性の夫は、集落で最も目立つ家を継承したが、特に有能というわけではなかったので、首長に選出されなかった。フシコは、この女性は自分よりも年上で夫もいたので、二重に不届きだと指摘した。このとき彼女はまた、夫の不倫は、夫が小妻を取るよりもはるかに悪いことだと指摘した。

二度目の結婚の場合、レヴィレート婚が強く好まれ、実践されることの多い方式である。このように、未亡人は亡くなった夫の兄弟と結婚するのが一般的で、ここに結婚できる相手がいない場合は、夫の平行イトコ（夫の父の兄弟の息子）または夫と親戚関係にある父系男子と結婚するのが一般的である。この慣習が行われている理由をアイヌは、次のように説明している。女性が有能な場合、夫の家族はその女性を手放してはならない、男性の妻の世話をするのは家族の共同責任である、などの理由で行われている。また、寡夫が亡くなった妻の妹と結婚するソロレート婚も行われているが、それが行われる頻度はずっと低い。

アイヌの親類の最も大きいカテゴリーはアシランコレ *asirankore*（血縁関係にある親類）とムンチリペへ *munčiripehe*（姻族）がある。アシランコレには、双系的に辿れる知られているすべての血縁関係にある親戚が含まれており、ソ・ウシ・アシランコレ *so us asirankore*（近い血族）とトゥイマ・ノ・アシランコレ *tuyma no asirankore*（遠い血族）に分けられる。これらの分類に含まれる世代数に明確な決まりはない。また、姻族は近い姻族と遠い姻族に分類されることもある。また、姻族は、基準点となる自己（ego）の年齢に対する姻族の年齢やその性別によっても分類されることがある。それらには、ポロ・ムンチリペへ *poro munčiripehe*（自己より年上の姻族）に対するポン・ムンチリペへ *pon munčiripehe*（自己より年下の姻族）や、ココホ *kokoho*（男性姻族）に対するコシマハ *kosmah*（女性姻族）がある。姻族に対して文化的に規定された行動はない。また、父方居住規則のため、父系の男性はほとんどの協同活動の中心メンバーを構成しているが、姻族の参加を禁止する活動も存在しない。アイヌは、二人が血縁関係も姻戚関係も持つ場合には、たとえそれが遠縁であり、姻戚関係の方がはるかに近いものであったとしても、必ず血縁関係を二人の関係として指摘する。同じ男性の二人以上の妻が生んだ子供たちは血縁関係にある親族と分類されるが、妻同士は互いに他人、つまり「部外者」とみなされる。

アイヌの親族用語は本質的に双系的である。子どもや若者の用語体系は、それぞれ父と母を区別しており、それぞれ両親の男キョウダイと女キョウダイを区別している。このように、青年は父をアーチャ *a:ča*、母をオンモ *onmo* と使う。成長して年長者層に属すると、自分の父親、両親の男キョウダイ、そして六〇代から八〇代までの年齢区分のすべての男性を同じ言葉で呼びかけ、言及する。同じ規則は、女性にも適用される。したがって、表二にある親族用語（アーチャとオンモを除く）は、表に示されているように同一の年齢・性別区分に属する、親族以外の者を含めたすべての人を呼びかけ、言及する用語としても用いられる。自己の血族は、「私のヘンケ *henke*（父、祖父）」のように「私の」に相当する所有格人称接辞で指定されることがある一方で、自己の姻族は、例えば「私の妻の父」のように指定されることがある。姻族に対しては特別な親族用語はない。先に述べたように、高齢者の個人名を口にすることはタブーとされており、アイヌは「テクノニミー（teknonymy）」に頼っている。つまり、自己の父親の父親ではない六〇代以上の男性を、「誰々のおじいさん」と呼ぶようなことである。表中の年齢はあくまでも目安である。年齢を年で数える慣習がないため、アイヌの観点から言って、年齢を正確に判断することは困難なだけでなく、意味のないことである。表に挙げた用語以外にも、イルワハ *iruwah* のようなそれほど頻繁には用いられていない言葉がある。イルワハは自己の親の子どもたちを表す親族用語として、あるいは自己の配偶者や恋人、友人などを呼びかけ、言及する情緒的な用語として使われることがある。自己の曾祖父母や高祖父母を含めた非常に高齢な人は、性別に関係なく、ケウスフケへ

表二 親族名称

アイヌ語	親族名称として用いられる場合	一般的な用法
エカシ *ekas*	FaFaFa, FaMoFa, MoFaFa, MoMoFa	九〇代以上の男性
スフ *suh*	FaFaMo,FaMoMo,MoFaMo, MoMoMo	九〇代以上の女性
ヘンケ *henke*	FaFa, MoFa	六〇代～八〇代の男性
アハチ *ahči*	FaMo, MoMo	六〇代～八〇代の女性
アチャポ *ačapo*	FaBr, MoBr	自己の父親を除く四〇代～五〇代の男性
ウナハペ *unahpe*	FaSi, MoSi	自己の母親を除く四〇代～五〇代の女性
アーチャ *a:ča*	Fa（こどもや若者が用いる）	
オンモ *onmo*	Mo（こどもや若者が用いる）	
ユフポ *yuhpo*	OlBr	一〇代後半から三〇代の男性
ナンナ *nanna*	OlSi	一〇代後半から三〇代の女性
アハカポ *ahkapo*	YoBr	一〇代前半の男性
ヘーコポ *he:kopo*	YoSi	一〇代前半の女性

＊Fa= 父親 (father); Mo= 母親 (mother); Br= 兄弟 (brother); Si= 姉妹 (sister); Ol = 年上の (older); Yo= 年下の (younger)

*keusuhkehe*やホホキプタリケヘ *hohkiputarikehe*と呼ばれる。したがって、用語的には、アイヌ社会のすべてのメンバーは、何よりもまず年齢と性別によって区分されている。性別でさえも、呼びかけられるものが極めて高齢になってくると分類の原則としては使われなくなる。両親と同性のキョウダイの区別は、若者の言葉遣いでしか表現されない。

アイヌの親族関係の仕組みを簡単に調べてみると、その最も顕著な特徴は、基本的な柔軟性にあることが分かる。その構造を「双系」「父系」などと単純に呼ぶのは全く誤解を招くことである。双系制は、出生時の身分（第四章）、外婚（exogamy）、親族の分類、親族名称などに見られる。一方、単系制（unilineality）は、領有権や相続規則などに認められる。このように、集落は隣接する土地と水を共同所有しているが、その領域はもともと集落の中心的なメンバーである父系を同じくする親族に属しているものである。特定の場所の重要な獲物を取る権利は、さらにはっきりと同じ男の先祖をもつ男性（male agnates）によって所有されていることがある。相続の規則は、男性の財産は父系を介して伝えられることを規定する一方で、女性の財産は母系を通じて伝えられることを規定している。どちらの場合も、片方の性別のメンバーのみが関与している。すなわち、父からは息子へ、母からは娘へ伝えられる。未亡人は、分析上は男性の財産として分類される可能性があるが、同様に父系の男子に相続され、亡くなった男性の兄弟に相続されることが最も多い。

それゆえ、アイヌの社会構造は本質的に、単系的な傾向も持った、双系的なものと見ることができる。通常、男性は生涯を通じて両親の集落に住み続ける。男性と他の男性（その大半は父系で繋がっている）は協同グループを形成し、領地やソリや犬などの財産を共同所有している。彼らは必要に応じてお互いの助けを頼りにしている。このような枠組みは、親族関係が対人関係の根底をなすアイヌ社会の一般的な規則を規定している。しかし、この父系・父方居住規則にとってより基本的なのは、もっと深いレベルで作用する双系的な規則ともいうべきものである。したがって、男性が原因で対人関係が対立したために、または漁猟や狩猟により適した場所を求めたために自分の集落を離れることを決定した場合、別の集落に移動することができる。ほとんどの場合、その男性は、自分の母親か妻のいずれかの父系の親族で構成されている集落に移動する。彼は仲間の承認を得て、二番目の集落では部外者であることを意識せずに、親族ネットワークの中でこのような方法をとることができる。彼と母方の親族との間の親族関係や妻とその血族との間の親族関係も、ほとんど同じようによく認識されている。単系的な上部構造と双系的な下部構造が相互に補完し、基本的な規則と選択肢を生み出しているのである。アイヌの社会構造は、複雑でありながら柔軟性に富んでいるため、天然資源の獲得における予測不可能性の上に生活が成り立っている、部分的に定住性をもつ狩猟採集民に適している。

集落内部の関係

以上のような社会構造の規則は、総人口約四〇〇〇人の北西海岸の完全に自立していたわけではない集落の全てからなるアイヌ社会全体に作用する仕組みと考えなければならない。ここで、これらの集落間の相互関係について簡単に述べておく。集落間の関係の最も基本的なものは、広範な親族ネットワークである。「近い血族」は、通常、多くの集落で見られる。例えば、フシコの父方の親族は主にライチシカやその他の南部の集落に住んでいた一方で、母方の親族はフロオチやその北にある集落に住んでいた。

このように、彼女の親戚は北西海岸に沿って最北端から最南端まで暮らしていた。結婚式や葬式、クマ送りなどの重要な行事には双方の親族が集まるので、北西海岸では端から端までかなりの人の移動が見られることが多い。

また、経済的な協力も集落を結び付けている。例えば、ニシンの季節になると、竿に干してある魚を食べにトオロ *Tooro*（塔路）村の海岸にクマが頻繁に姿を現すことが知られている。こうしたクマを追いかけるために、ウシトモナイポや最北端のポロコタンなど、様々な集落から猟師たちがやってくる。同様に、春のアザラシ猟では、氷があればどこにでも向かう。このような狩猟活動では、ある集落の男たちが他の集落の領域で自分たちだけで狩猟をすることもあれば、相手の集落の猟師たちと一緒に狩猟をして獲物を分けることもある。そのうえ、どこでどのようにして獲ったものであっても、近くの集落の人たちに分けることが常であり、特に獲物が多くの肉をもたらした場合にはそうである。例えば、フロオチの男たちがアザラシやトナカイ、クマなどを獲ると、ウシトモナイポの人たちを必ず招待する。そうでない場合には獲物の一部をソリに乗せたり背負ったりしてウシトモナイポに持っていく。漁撈や植物採集、さらに魚の燻製にもお互いへの依存と協力が見られる。毎年、フロオチとウシトモナイポのアイヌは、フロオチ川の上流でマスを燻製させている。時にはさらに南のライチシカ集落の人々が参加することもあるが、ライチシカ集落は例外的に天然資源が豊富で、そこのアイヌは、ニシンを除いては他の集落に頼る必要がない。アイヌの生活に欠かすことのできないニシンは、油としても、人間やソリ犬の餌としても重要なもので、ライチシカのアイヌは定期的にウシトモナイポ集落の海岸まで足を運んでいる。

経済活動を行うため必要となる移動のほかに、アイヌはかなり頻繁に居住地を変えている。ライチシカなどの大規模で安定した集落を除いては、一つの集落に長く住み続けることはほとんどない。フシコは結婚するまでの一八年間を通して彼女と彼女の生まれ育った家族（定位家族 family of orientation）は五回転居し、以下の集落に住んでいた。トマリケシ *Tomarikes*（泊岸）、フロオチ（幌千）、オプサハナイポ（小草）、トオロ（塔路）からオプサハナイポ、そしてフロオチに戻った。結婚すると、彼女はライチシカに移り住み、一九四四年までそこに暮していた。このように、関連する集落の人々の間で頻繁に接触があるため、裁判には二つ以上の集落の人間が関わることがしばしばある。また、先に見たように、関係する集落の人間が首長に任命されることもある。そのため、北西海岸全体を統括する組織だった政治機構は存在しないものの、複数の集落が関わる事柄は円滑に実行されている。それとは対照的に、北西海岸の外との接触は確かにあるものの非常に限定されている。この地域のすぐ南に位置するクスンナイ *Kusunnay*（久春内）チライ（智来）という二つの集落との経済協力は限られている。クマ送りの他に、シャーマンの儀式が外部とのコミュニケーションの流れを一部促進している。東海岸の有能なシャーマンを西海岸に招待したり、西海岸の相談者が東海岸のシャーマンを訪問したりすることもある。

社会的序列の基準

それでは、アイヌは、自分たちや仲間の中で何を大切にしているのだろうか。まず、すべてのアイヌにとって親族の結び付きが重要であることが分かる。しかし、それは、いざというとき頼りになる親族をたくさん持つべきだという意味で重要なのである。首長の息子であっても、首長にふさわしい人物でなければ父の後を継ぐことはできないので、特定の出自集団に属することがとりわけ重要というわけではない。このような意味で、アイヌ社会は平等主義であり、生まれによって決まってしまう親族組織の中での地位よりも、個人の実力が重視される。アイヌの首長に求められる資質にもこのことが見られる。しかし、性別もまた、個人が生まれながらに持つ地位であるが、人を分類し、役割を決める上で重要な要素である。アイヌ社会では、生活の中で男性の領分と女性の領分とが明確に区分されており、男性は女性に勝っていると主張する。女性は経血や分娩血のもつ穢れの性質のため、神々との接触を伴うあらゆる活動から締め出されている。年齢もまた、個人の社会的地位を決定する重要な基準である。年長者は神々に近いと考えられているがゆえに、若者から尊敬を受ける。長老は祭司となり、神聖な口承文芸を守る者となる。性別は多くの点で年齢よりも重要な基準であるが、血に汚染されることのなくなった高齢の女性の社会的地位の割り当てには、この二つの基準が複雑に絡み合っている。例えば、フシコの母親は、男性の長老の会議で下された殺人事件の判決を、高齢の女性が逆転させた事例を記憶していた。また、子グマがクマ送りのために育てられている間、その子の世話をするのは高齢の女性である。同様に、年長者の言葉を高齢の女性が話すことはあっても、若い男性が話すことはない。若いうちは性の原則がより重要であるが、老後には年齢の基準が性の原則を覆すようになる。アイヌの住居の中で囲炉裏を囲む席の配置（第三章）は、社会的地位における年齢と性別の相対的な重要性が最も簡潔に表現されていることが思い出される。いくぶんかは挨拶の作法にもそれが表現されていることが分かる（第四章）。

性別、年齢、富、個人的な資格などは、多くの社会で序列の基準となっている。アイヌ社会内部での社会的地位を理解する上で重要なのは、これらの基準が究極的にはアイヌにとって宗教的な性質を持っているということである。個人の社会的地位が高ければ高いほど、その地位は神々に近いものとなる。人間高齢の男性は総じてアイヌ社会の中で最も高い地位を占めており、神々に最も近いとされている。人間の中で最も高い地位にあるのが首長であり、彼らは神々に捧げる豊かな富を司り、宗教的な儀式を適切に行う立場にある高齢の男性であることが多い。アイヌの法律における刑罰の形態も、魂に関わるアイヌの信仰の観点から理解しなければならない。したがって、アイヌ社会の仕組みをより深く理解するためには、アイヌの信仰体系とそれに付随する儀式を見ていく必要がある。

第六章　信仰・儀式・世界観

アイヌが非常に「宗教的」な民族であることは、これまでの章で十分に示されている。しかし、私たちが「宗教」と呼んでいるものは、アイヌの生活の中では独立したものではないので、「宗教」という言葉はアイヌの生活様式を正確に表しているとは言えない。ゴミを捨てるなどの行為も含めて、アイヌの行動の大半は、アイヌの宇宙に存在する神々や化物などの存在とアイヌの関わりの中で理解されなければならない。そこで本章では、このようなアイヌの宇宙の中に暮らす人間以外のものと、アイヌとそれらの存在との関係に焦点を当てる。

魂の持ち主

宇宙のほとんどの存在に共通する特徴は、魂を所有しているということである。生まれたばかりの赤ちゃんも含めたアイヌも、植物も、動物も、魂を持っている。道具や台所用品だけでなく、茣蓙などの人工物の大半も魂を持っている。アイヌにとって重要なのは、魂の振る舞いであって、外見ではない。魂が人体の中にあるときは「頭か胸の辺り」にあって目には見えない。人が怒りや憎しみ、深い悲しみなどの強い感情をもつときは、魂がその存在を現わしている一つのかたちである。

しかし、魂は、その所有者の身体から離れたときに最もはっきりと知覚される。例えば、人が夢を見るとき、その魂は眠っている身体を離れ、時間的・空間的に遠く離れたところに移動する。こういうわけで、行ったことがない場所を夢の中では訪れることができる。同様な理由で、故人の魂は、あの世から夢の中で他の人を訪ねてくることができるので、亡くなった人はその人の夢に現れる。同様に、シャーマンによる儀式の間、シャーマンの魂は死者の魂を連れ戻しにあの世に行くが、そうすることで死者を蘇らせることができる。魂が離れることは、失神や前述の「一時的な死」と呼ばれる現象の説明にもなっている。その間、その人の魂はあの世を訪れているのである。

これらの現象は魂が一時的に身体から離れることによって起こるのに対し、死という現象は魂が永久に身体から離れることによって起こると説明されている。しかし、第四章で述べたように、亡くなった人の魂があの世へ向かい、そこで生活を続けられるかは、葬式が適切に行われて初めて保証される。そうでない場合、故人の魂は、未だにきちんと葬られていないことを思い出してもらうために、生きている人を困らせることがある。

同じ理由で、亡くなった人間だけでなく、宇宙のすべての魂の持ち主は、死んだ際には葬儀に相当する適切な処置を受けなければならない。アイヌの食糧となる動物の場合、死体の処理に必要とされるのは、骨を適切に処理することである。そのため、アイヌは動物の種類ごとに専用の骨の山である尊いケヨホニウシ *keyohniusi* に骨を納めなければならない。この骨の祭壇がケヨホニウシと呼ばれる理由は、大型の動物の場合、頭蓋骨はケヨホニ *keyohni* と呼ばれる木幣に刺して骨の祭壇に納めなければならないからである。この棒は、枝が動物の頭蓋骨の目の穴を通るように先が二股になっている。この棒の軸の部分は、削られて木幣であるイナウ *inaw* の形をしている。ウシ *usi* という言葉は堆積を意味する。

クマ、トナカイ、テン、ウサギの骨の祭壇は集落が共同で所有しており、集落近くの山の中にあり、それぞれが別の場所に設置されている。海獣の骨の祭壇も集落の共同所有であり、海を見下ろす丘の上にある。カモメは海鳥なので、その祭壇は海辺にある。しかし、魚のための祭壇は、各家の外にある灰の山の近くにある。台所用品や食事道具でさえも自身の場所を持っており、壊れた破片、つまり死体は家の外に配置される。

魂の持ち主の「死体」に対するこれらの儀式がアイヌにとって大きな関心事であるのは、アイヌがそれらをきちんと祀ることを怠れば、たいていは病いという形で大きな苦しみをもたらすからである。さまよう魂によって引き起こされる病いは、局所的な痛みを伴うのではなく、患者に全身の倦怠感を与えるものである。さらに、この種の病いには通常の薬草や他の薬は役に立たず、患者はシャーマニズムに頼らなければならない。通常の手順は、病人にどの魂がとり憑いているか、問題を抱えた魂が満足して体を離れることができるように何を供えなければならないかをシャーマンの霊が明らかにするまでシャーマンに儀式を行うように依頼することである（時には何晩も続く）。例えば、寒気と全身の倦怠感に悩まされていたフシコは、二人の有名な北海道アイヌの女性シャーマンが訪れていた東海岸のマーヌイ *Ma:nuy*（真縫）にはるばる出かけて行ったことがある。女性シャーマンは、フシコの夢の説明の助けを借りて、前年の冬の間に溺死してライチシカに漂着していた和人の魂に取り付かれていたことを明らかにした。フシコの夫や他の人たちが遺体を埋葬したが、部分的に地面が凍っていたために十分な深さで埋葬されなかった。その春に、遺体が出てきて、イヌに引きずられているのをフシコは離れたところから目撃した。フシコが優しそうに見えたので、その魂は彼女に取り憑いた。女性シャーマンたちは、その男性が南日本から来ていて、魂が安らかに眠るためにはそこに帰らなければならないので、昼食や履物など、旅に必要なものをフシコと家族は提供しなければならないと指示した。この例が示すように、さまよう魂とそれがとり憑く被害者との間に、必然的な関係はない。

さまよう魂によって引き起こされる病いの中には、「カワウソによる眠りの罰」という特殊なものがある。怪我をしていない死んだカワウソを持ち帰ると、その子孫には眠気が続く病いに苦しむ人が出ると言われている。カワウソが死んだように見えても外傷がない場合は、いまにも腐敗しようとしているときでさえ、魂が永久に肉体を離れることなくどこかを彷徨っていると考えられている。そのため、誰かがその死体を持ち帰ると、魂は帰る場所を見つけられず、その人の子孫にこの眠り病をもたらすのである。ただ、なぜ子孫だけが犠牲者とならなければならないのかに関しての説明はない。

魂とその振る舞いに関するアイヌの説明は、アイヌの魂の概念の根底には魂が肉体から自由に移動することがあると示しているように思われる。夢の中や一時的な死など、文化的に規定された状況の中でのみ、魂は肉体を離れ、それによって行動環境というべきものを拡大することができる。このような規定された状況が必要であることは、さまよう魂による憑りつきに関するアイヌの信仰によって強調されている。なぜなら、肉体から不適切に離れた魂は、負の力、すなわち苦しみを引き起こす力を得るからである。しかし、さまよう魂の負の力を、神や化物が持つ力と混同してはならない。魂の持ち主は、その魂が適切に処置され彷徨っていなければ、本来は力を持たない。すべての魂の持ち主の中で、神と化物だけが本質的に力を持っている。

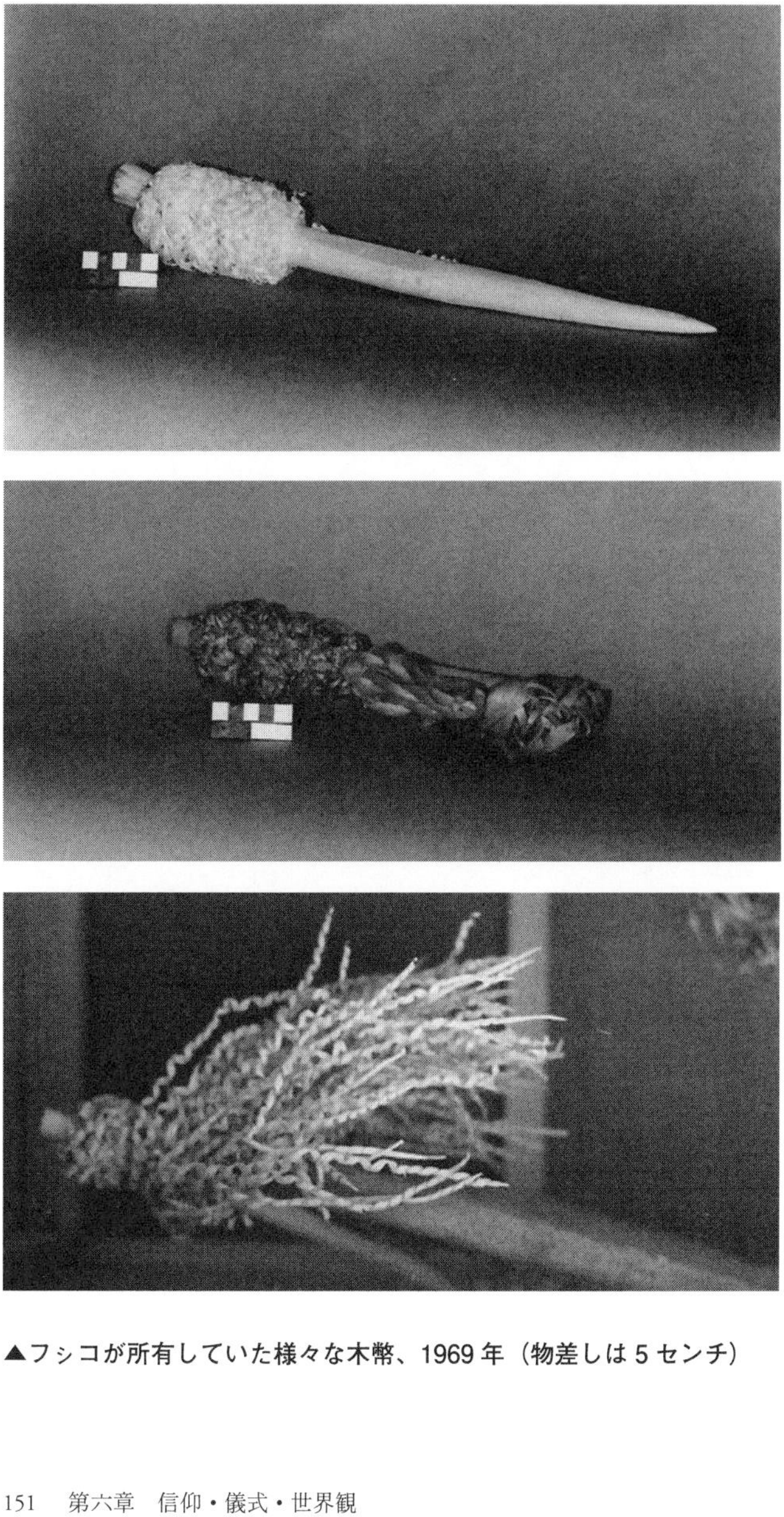

▲フシコが所有していた様々な木幣、1969年（物差しは5センチ）

神々

アイヌは宇宙の魂の持ち主の中から一定数の存在を選び、神格化している。重要な神々の多くは、居住域があると信じられている地域に基づいて四つのグループに分類されている。第一のグループは、火の媼神、家の神、地面の神などの海岸部に住む神々である。第二の神々のグループは、主に人間以外の陸上の動物で構成され、総称してキムン・カムイ *kimun kamuy*（山の神々）と呼ばれている。それらの中でクマ、オオカミ、キツネ、フクロウ、「山の人」と呼ばれるものが最も重要である。第三のグループはアトゥイ・カムイ *atuy kamuy*（海の神々）で、彼らの住まいは広い水域である。その中でも特に重要なのは、魚の創造主であるチェペヘテ・カムイ *Čepehte Kamuy* と一般的な守護神であるチョーハイクフ *Čo:haykuh* の二神である。彼らは実在する海獣の種としては特定されていないが、海獣の外見をとると信じられている。第四のグループには空に住まう神々が含まれており、その中で何よりも重要なのは日月の女神と龍神である。自然神、創造神、守護神と呼ばれうる無数の神々を含めて、他の一連の神々がいるが、その多くは漠然としたイメージしかない。また、アイヌは自身の偉大であった先祖の何人かも神格化しており、彼らはアイヌの生活を見守るという重要な役割を果たしている。しかし、以下では、アイヌの神々の中で最も重要なものだけを簡単に紹介する。

海岸の神々

海岸の神々でなんといっても重要なのはウンチ・アハチ *Unči Ahči*（火の媼神または囲炉裏の媼）で、おそらくアイヌの神々の階層の中ではクマ神に次ぐ存在である。アイヌはこの北の大地で、実生活における火の重要性を実感しているが、この女神のイメージとして真っ先に思い浮かぶのは、アイヌを守る「超越的な」力である。第一に、火の媼神はいつでもアイヌと他のすべての神々との間を仲介する役目を果たしている。したがって、主要な儀礼の際に男性長老が捧げる定型的な祈りだけでなく、シャーマンの儀式の際の祈りにおいても、まず彼女に声をかけ、神々へ言伝を届けてくれるように頼む必要がある。つまり、火の媼神がいなければアイヌはいかなる神々ともコミュニケーションをとることができないのである。さらに、アイヌは火の媼神を総合的な守護神と考え、いざという時には火の媼神に祈りを捧げる。したがって、アザラシ猟師たちの祈りに応えて嵐を止めてくれると信じられている。同じように、野原や山で道に迷った男女が彼女に助けを求めると、彼女はなんとかして無事に家に帰してくれる。また、夢の中で人の魂が化物や悪霊に追われているときにも、火の媼神が仲介してくれる。火の媼神は囲炉裏で火花を散らす。その音はこれらの化物や悪霊を追い払い、夢を見ていたものは悪夢から覚める。これは、火が夜の動物を怖がらせ、それによって狩人を守るという事実に由来していると考えられている。

アイヌはこの女神を非常に大切に敬って扱わなければならない。囲炉裏の木枠は女神の枕とされているので、汚してはならない。男性は囲炉裏のそばで彫刻をしている間、木や道具を木枠の上に置いてはならない。彼らは、この神の食べ物とみなされている薪を選ぶ際にも注意しなければならない。薪は第四章で述べたように、人間や動物の排泄物だけでなく、家族の死による汚染も避けなければならない。家族は、身内の死後は無論のこと、定期的に特別な儀式で灰を新しくすることで女神の生命を蘇らせなければならない。この儀式はウンチ・ヤヤシリカレ *unči yayasirikare*（火の蘇生）と呼ばれ、囲炉裏の砂と灰を取り除き、家の外の東側にある神聖な灰の山で儀礼的に処分することが行われる（第三章）。その後、一家の長老が火の媼神に祈りを捧げる。女性は、浜から運んできた新しい砂で囲炉裏を満たす。男性は新しい一対の木幣を作り、古いものと交換しなければならない。新しい火が焚かれた後、家の長老

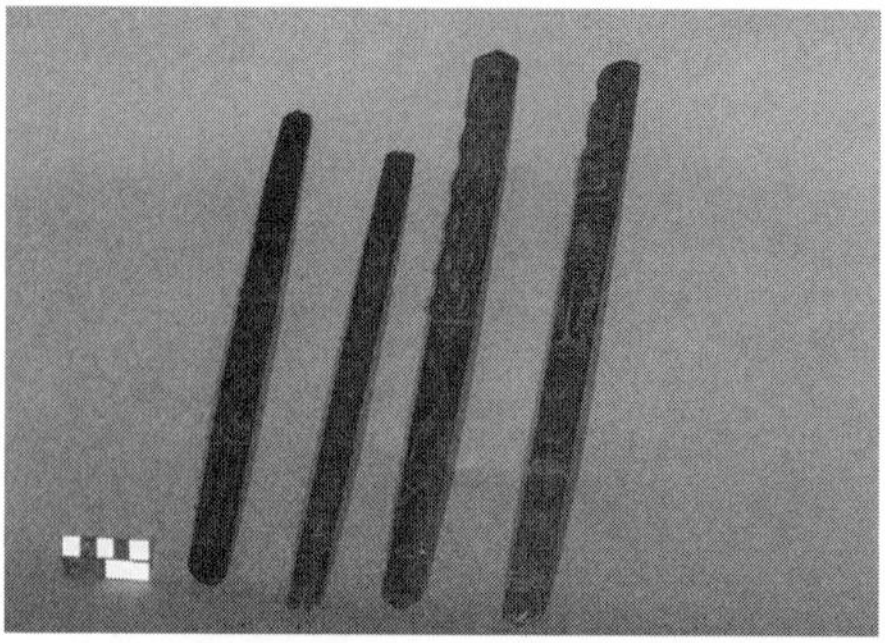

▲東海岸の捧酒箸

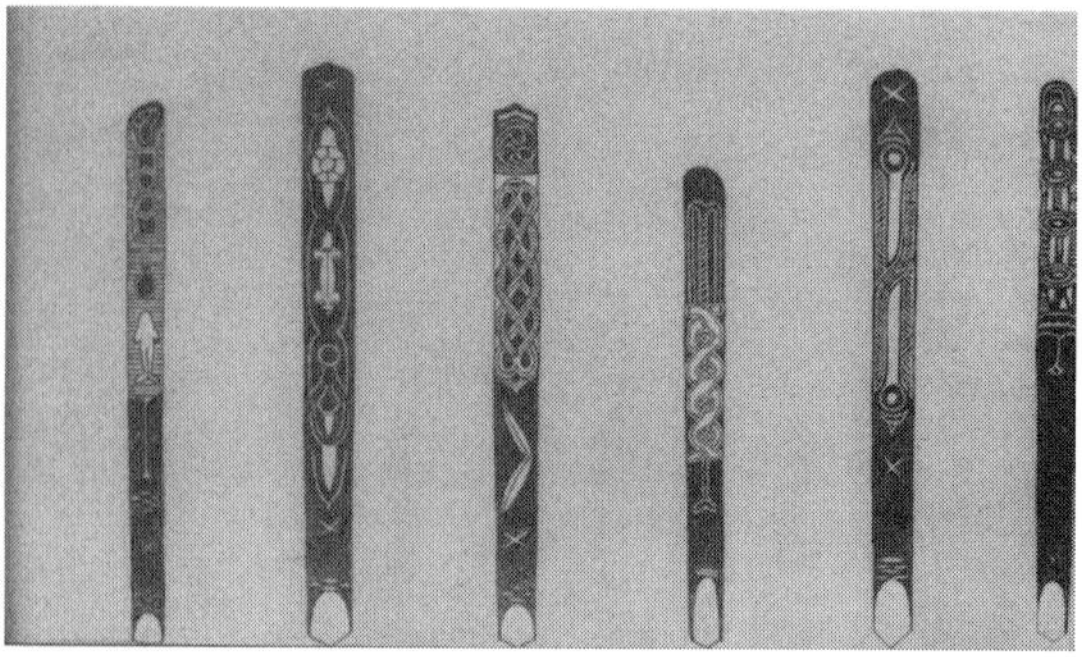

▲捧酒箸の線画（山本氏提供）

がシャーマンの儀式を行い、その後に家族で特別な食事をとる。

山の神々

アイヌの神々の中でも、クマ（イソ・カムイ iso kamuy）（*Ursus arctos collis*）は最高神の座を占めている。彼らの神としての力は、食料を与え、アイヌの生活全般を見守る。アイヌの他のどのような行動よりも、クマ神に置かれた重要性はクマ祭文化複合体[71]に最も端的に表されている。男性が山で殺したクマのために行う単純な儀式とは対照的に、子グマを生け捕ってからの養育や盛大な儀式とその後の細やかな儀式が含まれるクマ送りをすべて終えるのには、少なくとも二年以上の歳月がかかる。[72]

その全過程は、巣穴の中にいる生まれたばかりの子グマや冬眠から出てきて間もない母親と散歩している子グマのいずれかを男性が生け捕りする春に始まる。どちらの性別の子グマでも捕まえることに一生懸命である。子グマはカムイ・ミシ *kamuy mis*（神の・孫）と呼ばれ、神であると同時に孫であると考えられている。子グマを捕獲した男性の家族がホストファミリーとなる。爪が危険になるまで子グマは屋内で育てられ、その後「クマの家」であるホストの家族の外にある檻に移される。子グマが生まれたばかりで授乳が必要な場合は、集落内で乳飲み子がいる女性が同時に子グマにも乳を与える（近年、酪農が導入されてからは、牛乳をクマに与えるのが一般的になった）。クマの世話は正式にはホストファミリーの最年長の女性が担当し、その女性が重要な役割を果たしているが、クマの世話は集落全体が歓迎する出来事であり、人間にとって食料が不足している時でも、集落の人全員が参加して最上の食料をクマに与えている。夏には時々檻をきれいにし、子グマを散歩に連れて行き、海岸で行水させる。冬には寒くないように檻の丸太の隙間に小枝や草を詰める。クマは喜ぶと耳を垂らして満足げな表情を見せるが、それを見てアイヌは満ち足りた気持ちになる。

子グマを捕らえた翌年の寒期の初めには、ホストファミリーの長老が一歳半になった子グマのための儀式を挙行する。この盛大な儀式はカムイ・オカ・インカラ *kamuy oka inkara* と呼ばれ、「神を見送る」という意味である。これは長い冬に備えた準備がすっかり終わったときに行われる。季節的移動がまだ行われていた時代には、冬の集落に移る直前に行われた。最も重要なことは、新月が最初に現れた時、つまり日月の女神の機嫌が最もよい時に行わねばならないということである。儀式の数日前には北西海岸の村々だけでなく、東海岸・南海岸の集落からも親戚や友人がやってきて、入念な準備に加わる。他のアイヌの儀式が個々の家族やシャーマン個人によって行われるのに対し、クマ送りには集落の人たち全員が加わるだけでなく、他の多くの集落から来る人たちが参加する。それゆえ、クマの送り儀礼は遠く離れた集落の人々が集い、古い絆を新たにしたり、新しい絆を結んだりする数少ない機会の一つとなっている。

祝宴の前夜には、火の媼神にアイヌの言伝をクマの神々に伝えてもらえるよう懇願するシャーマニズムの儀式が行われる。この儀式の後には、徹夜で踊ったり、御馳走を食べたりする。祝宴当日の日の出とともに、クマの檻の周りを男性が一列に、それに続いて女性が一列になって踊る。クマは細心の注意を払って檻から出され、先が二股に分かれていて、木幣のような形をした木に結び付けられる。クマはその後、草や布切れで象徴的に作られたたくさんの贈り物で飾られる。クマはこうした贈り物を山にある自分の住処へと持って帰ると信じられている。男性も女性も、最上の服に身を包み、宝物を抱えて、ホストの家の外にある、この儀礼のために特別に用意された祭壇に一列になって向かう。祭壇の柵のような構造物に宝物を掛ける。女性はその後、各自の家に戻らなければならず、男性だけがいる中で、ホストファミリーの長老がクマの神々に向けて定型的な祈りを唱える。その祈りでは、アイヌがクマを大切に養育してきたこと、クマが来訪し滞在してくれたことへの感謝、そして、これからもクマが何度も訪問してくれることへの願いが強調されている。動物を殺すあらゆる場合と同じように、クマ送りの目的は、クマが山に戻ってそこで生き返れるように、クマの魂を身体から解放してやることである。この儀式を通して、アイヌは、同じクマやクマ一般が再び確実に訪れるようになる、あるいは少なくともそうあってほしいと願っている。

長老がクマの上で木幣を振ることによってクマを浄めた後、特別に選ばれた射手（クマを育てた家の人ではない）は、なるべく二本の金属の鏃が付いた矢だけで、クマを射る。その後、毛の色には関係なく選び抜かれた雄イヌが二匹、クマの神々への供物として犠牲にされるが、[73]それはイヌはクマ神の召使い（伝令）と考えられているからである。女性がいると死ぬ前の苦しみが長びくと信じられているがために、女性が儀式のこの場面を観察することは禁じられている。女性が皮を剥ぐ過程を観ることもタブーだとされている。男性も女性も参加する祭壇の前での予備的な饗宴の後、肉と頭蓋骨に取り付けられた皮は、神窓からホストの家の屋内に運び込まれる。皮は家の神聖な東側に置かれ、肉は囲炉裏で調理される。アイヌは生食を嫌うが、この特別な機会には何人かの男性は儀礼的にクマの脳みそを生で口にし、血を飲む。女性はクマの頭を一部であっても食べてはいけない。クマの肉は幼児を含む参加者全員に細心の注意を払って配られるが、ホストファミリーのメンバーはクマを自分たちの孫として育てたため、肉を食べてはいけないことになっている。
数日後、すっかり祝宴が済んだ後、夕暮れ時に長老たちは、削り掛けを詰めた頭骨・残りの骨・眼・クマが雄なら陰茎、そして犬の骨を、山にあるクマの特別な骨の祭壇に運ばなければならない。クマの骨を真ん中に、その両側に犬の骨を置き、頭骨はそれぞれ所定の方法で二叉になった木に安置される。この行為で、クマ送りの主要部は締めくくられる。

祝宴全体には、クマのための娯楽と考えられている飲食だけでなく、歌や踊りなど、たくさんの陽気な催しが含まれている。これもアイヌの生活において、宗教・娯楽・仕事が区分されていないどころか、宗教・娯楽・仕事は同じ行動の別の側面であることを示すもう一つの例である。ただし、この儀式の間中、性行為は一切禁止されている。フシコは、このタブーを破ったために病気になったり、心を失ったりしたと信じられていた人を何人か覚えている。そのような場合、シャーマンはクマの神々にそうした不作法を詫びるための儀式を行うように求められる。

遠方の集落からの来訪者の中には、祝宴が終わった後クマ送りのあった集落に泊まり込み、寒期の終わり（暦の上では翌年）に行われる簡単な儀式まで帰らない人もいる。後の祝宴であるヘマカ・イナウカラ *hemaka inaukara*「終わりの・祭り」は、部外者は紹介されることはまずないが、盛大なクマ送りはアイヌのシンボルやトレードマークになっている。寒期の最後の満月に行われ（伝統的には冬の集落で行われた）、主にホストファミリーがクマの神に木幣を捧げる儀式である。この儀式の後には、クマの後ろ足の料理を中心とした儀礼食が行われる。クマの後足は、左右のいずれかで、盛大な儀式の間に消費されない唯一の部分であり、寒期の間、自然の冷凍庫である貯蔵庫に保存されている。盛大な儀式の

▲東海岸でのクマ送り。ピウスツキが 1900 年頃に撮影。

▲樺太アイヌのクマ送り。日本の服装をしているアイヌもおり、和人の観客も写真に見える。（冨士田 1930 より）

間、ホストファミリーはクマの肉を控えなければならないが、クマが悲しんで泣かないように、後ろ足を食べなければならない。この家族の儀式は、二年間にわたるクマ送りを締めくくるものである。これが冬の集落での滞在の終わりを告げるもので、アイヌは夏の集落に移り住み、大きな儀式が行われない夏の繁忙期に入る。

毎年春に男性は子グマを探すので、たいてい誰かが子グマを捕まえるのが普通で、毎年最低でも一度はクマ送りが行われる。集落に山に送り返すクマが多数いる場合は、この本で取り上げた時代のライチシカ集落で一度起こったように、連続して儀式が行われる。集落に送り出すクマがいない年は、他の集落の儀式に参加する。儀式で送り出されたクマが山中で生まれ変わる証拠として、アイヌはライチシカのある男性の話を語る。この男性は山中で仕掛け弓を使ってクマを捕獲したが、頭骨を開けてみると、その男性が前年の儀式でクマの頭の中に詰めたまさにその削り掛けが出てきたと言われている。[74]

アイヌのクマ送りは部外者に大いに注目されてきたことで、読者の中にはすでに写真や説明文のどちらかを通して北海道アイヌのクマ送りを知っている読者もいるかもしれないので、北海道と樺太のアイヌのクマの殺害方法の違いを簡単に説明する必要がある。北海道アイヌは、多くの花矢（鈍い矢）を使用する。地域によって、その数はクマの性別か年齢のどちらかに基づいて決められている。例えば、沙流アイヌは二歳のクマには六〇本、三歳のクマには一二〇本の矢を使用する（伊福部一九六九：三六）。このように美しく装飾された花矢は、頭ではなく体に向けて射ち、最後に尖った実矢でクマを殺す。その上、北海道のアイヌは、すでに死んだ、あるいは瀕死のクマを二本の丸太の間に挟んで首を絞める。こうした全ての過程は、部外者には、アイヌは死にゆくクマの拷問を楽しんでいるという印象を与えてしまう。実際、フシコは北海道のアイヌがクマの死を不必要に長引かせたことに関して、非常に残酷だと繰り返し非難している。しかし、北海道アイヌによれば、クマにとって痛くないとされる花矢は、クマが持ち帰るお土産だという。絞め殺すのに、二本の丸太を「不必要に」使うことに関して、満足の行く説明には出会っていないが、この行為は何か象徴的な意味を持っているのかもしれない。

したがって、樺太アイヌと北海道アイヌは、優雅で適切にクマを送りだすという、クマ送りに関わる基本的な考え方や姿勢を共通に持っているのである。一九三〇年頃に撮影されたマンロー（Neil Gordon Munro）の映画[75]〔巻末「引用・主要参考文献」の「映像」参照〕は、北海道アイヌのクマ送りの入門としてお勧めである。セリグマン（B. Z. Seligman）は、マンローが撮影したクマ送りに関して、その映画のキャプションから編集した有益な解説を出版している〔Munro 1963:169-171〔マンロー二〇〇二：二四一－二四四〕〕。

アイヌのクマ送りに関しては、この本でもアイヌの宗教生活の中で紹介したが、非常に重要な点は、クマ送りが政治的パフォーマンスであることである。これはほとんどの研究者の盲点であるが、Pilsudski（1915）が鋭く指摘した。クマ送りをする集落の首長の政治的地位・権力を方々の集落から集まる人々に目撃させる絶好の機会である。クマの神に捧げる家宝は財産である一方、そのすべてが他の民族から首長が自身の狩猟・漁業で獲得したものとの物々交換で得たものであるため、彼の狩猟その他の手腕を立証するものである。

樺太アイヌのやり方であれ北海道アイヌのやり方であれ、私のような部外者の多くは、アイヌが動物の解剖された死体を見ても平然としていることを理解するのは難しいかもしれない。このことがおそらく、アイヌのクマ送りが「残酷」であると部外者に報じられているもう一つの理由である。アイヌは、クマであれ、イヌであれ、他の動物であれ、自分たちが大切にしてきた動物を殺し、解剖し、食べることに何の抵抗もない。私はクマを食べる機会には恵まれなかったが、フシコと家族がイヌを殺して喜んで食べているのを見たときは、とても驚いた。というのも、そのイヌを人間の子どものように可愛がっていたからである。アイヌからすれば、動物を愛することと屠殺して食べることに矛盾はない。これは、アイヌが死を魂の再生と考えていることと、動物の解剖が狩人だけでなく、女性や子どもたちにとっても日常生活の一部であることも理由である。実際、フシコの父親は幼いフシコに、料理のために切り刻んだばかりのウサギを解剖して見せて、人体の機能を教えた。理科の授業でカエルを解剖する人は多いかもしれないが、私たちが目にする肉は、屠殺場での血まみれのシーンを少しも感じさせないような形で、すでに切り刻まれて包装されているのが普通である。

クマ神は最高神であるが、オオカミ、キツネ、フクロウも山の神として敬われている。ホロケウ・カムイ *horokew kamuy*「オオカミ」（*Canis lupus lupus*）は、かつてはアイヌの食料となっていたが、一九一五年（大正四年）頃までにはさらに北に後退した。彼らは神として、病気の人の夢に出てくるだけでも、また山の中にあるオオカミの骨の祭壇に座るだけでも、重い病いを癒す力があると信じられている。この「とてつもない力」から、アイヌはオオカミを全アイヌの守護神として崇めており、その神聖さから、女性がホロケウ・カムイという名前を大きな声で口にすることは禁じられている。

スマリ・カムイ *sumari kamuy*「キツネ」（*Vulpes velpes Schrencki Kishida*）は、北西海岸のアイヌが幼獣を捕獲して、基本的にクマの送り儀礼と似た儀式で、送りを行う唯一の動物である。しかし、この儀式は複雑さや重要性がかなり抑えられたものである。キツネは足の速い動物であるがゆえに、仲裁の間、一方の神からもう一方の神へと駆け回ることができるため、様々な神々の間での争いの裁判官と仲裁役とされている。しかし、キツネには良いキツネと悪いキツネがいて、良いキツネは集落の裏の崖や丘の上で鳴き声をあげて、他の場所に住んでいる親戚が近いうちに死ぬことを警告することで人々を助ける。一方、悪いキツネは妖術によって人々を困らせ、シャーマニズムの儀式が唯一の有効な治療法となる。アイヌは、妖術にかけられないように、意図的にキツネをおだててキャンネ・カムイ *kiyanne kamuy*（年上の・神）と呼んでいる。キャンネ *kiyanne* という言葉は、「長」男や「最年長の」女性（年老いたすべての女性の中で）と用いられるように、集団の中で最も年上の人を指すのに用いられる。アイヌ社会では高齢が尊ばれることから、キツネの神への敬意を表していると考えられる。アイヌはまた、キツネのことをアチャポ・カムイ *ačapo kamuy*（叔父の神）と呼んでいる。それはキツネが動物の中では小柄であるからだが、アイヌは大きさと「おじさん」という言葉の関係については説明していない。しかし、その色からフーレ・カムイ *hu:re kamuy*（赤い・神）と呼ぶことが最も一般的である。

フクロウは非常に重要な鳥であり、山の神とされている。アイヌはフムセ *humse*（*Strix uralensis japonica [Clark]*）とエトゥルシ *eturus* を区別している。低く太い声と大きな身体を持ったフムセは、他のフクロウよりも偉大だと考えられている。サハリン島には数種類のフクロウがいるが、アイヌはそれらをまとめてエトゥルシと呼んでいる。いくつかの重要な点でフクロウが人々に恩恵を与えてくれることを強調する。例えば、悪い病気が集落に蔓延しそうになると、集落の背後でフクロウが鳴き声をあげ、その声で病魔を追い払うと信じられている。また、フクロウはクマを捕まえることも予言する。また、山で道に迷ったときには、その鳴き声が心理的な安心感となり、その結果、道を見つけることができることが多い。このような利益があるために、アイヌはフクロウをアイヌの総守護者で特に集落の守護者であると考えている（各地におけるフクロウの重要性については、知里一九六二：一九六、Munro 1963: 153-154［マンロー二〇〇二：二二〇‐二二二］を参照）。

これら動物種としてみなすことが可能な山の神のほかに、キムン・アイヌ *kimun aynu*（山の・人）と呼ばれる山の神々のグループがある。山の人の正体について問われると、アイヌはこれらの山の人は神であって人間ではないと明言するが、彼らはクマではない。ここでは、これらの山の人にまつわるいくつかの物語のうちの一つをここに紹介する。

北西海岸のノタサム *Notasam*（北名好）集落でかつて、料理のために潮汲みに海岸に行ったが帰ってこないままの少女がいた。しばらくして、ノタサムの近くのオソマペシポ *Osomapespo*[76] で、シラカバの樹皮の容器を持った少女が水を汲みに海岸に下りてくるのを人々は遠くから観た。その後、彼らは彼女の片方の足跡がクマのもので、もう片方の足跡は人間のものであること、そしてクマの足跡は内側と外側が逆になっていることを発見した。その後、二人の長老が少女をよく見ようと、大きな岩の後ろに身を隠した。その少女はノタサムから行方をくらました少女であると確認した。長老たちに問われて、彼女は、ハユフシマ *Hayuhsima* と呼ばれる集落の神様と結婚したので、もはや人間の臭いがする場所を訪問することはできないと説明した。しかし、次に水を汲みに来た時には、長老たちをハユフシマに連れていくことを約束した。彼女は、ハユフシマに連れて行くときは、そこに近づいたとき子供の声や犬の鳴き声が聞こえても、ハユフシマという言葉を口にしてはいけないと指示した。

数日後、長老たちは岸辺で彼女に会い、彼女はハユフシマへの道を案内した。その途中、急に霧が立ちこめ、もはやどこに向かっているのかわからなくなってしまうほどだった。すると、子どもたちの声やイヌの鳴き声が聞こえてきたと思うと、目の前に湖が現れた。湖の周りには神々の家がたくさんあったが、アイヌの家にそっくりだった。神々はテンの皮でできた服を着ていた。たくさんのワシが湖の周りに巣を作っていて、その羽が地面に散らばっていた。少女は神なる夫と一緒に女の子と男の子を連れていた。少女の提案通り、長老たちはワシ羽の束を背に帰途についた。

数日後、二人の男は、他の数人の男性とともに、自分たちでハユフシマを訪問することにした。彼らは再び濃霧に出会い、子どもたちの声やイヌの吠える声を聞いた。その時、一行の中の一人が「子どもたちの声やイヌの吠える声が聞こえるから、ハユフシマはすぐ近くにあるはずだ」と言った。この愚か者がタブーを破ったために、一行はハユフシマを見つけることができなかった。

その年の秋、元の長老二人だけで戻ることにした。彼らは背中に背負えるだけの木幣を作った。ハユフシマへの訪問を果たした二人は、ワシ羽の束を背負って帰ってきた。しかし、帰還すると、タブーに違反したために二人は即死した。つまり、人間が神々の世界を訪れるときには、神々の世界から持ってきたものをすべて家の外に置かなければならず、シャーマニズムの儀式の煙を浴びて初めて家の中に入ることができる。この儀式は、神々の世界を訪れた人間の訪問者がそこに滞在する間に得る独特の臭いを消すと信じられている。ところが、二人が帰ってきたとき、彼らの家の一つで葬式が行われており、その葬送行列に遭遇してしまったのである。このように、彼らは神々の世界から帰ってきた時の定められた儀式を怠っただけでなく、神々にとって最も不快なものとされる死者の臭いにまで遭遇してしまったのである。怒った神々は二人をすぐさま殺した。この二人が、神々の世界の場所を他の人に知らせることなく死んだため、今日まで誰もそれがどこにあるのか知るものはいないが、それはノタサムの近くの山の中のどこかにあると信じられている。[77]

ハユフシマのほかに、同じような神々の世界はアイヌの土地の至る所にあるとされているが、決まって山の中にある。神と結婚している人を除いて、女性は訪問客としてそこを訪れることは許されない。この話では具体的に示されていないが、これらの神格化された山の人は頭がはげていると考えられている。それゆえ、はげ頭の人や、アイヌ語でケーチマ（註25参照）と呼ばれる皮膚病の人をからかうことはタブーとされている。さもないと、山の中での洪水を引き起こす激しい雨が降ることになる。

他にも山の人にまつわる話はいくつかあるが、どの物語でもアイヌの女性が姿を消し、その足跡から神と結婚していることが分かる。片方の足跡は決まって内側と外側が逆になったクマのものである。[78]山の住人はクマではないとアイヌ自身は言っているにもかかわらず、この信仰はもともとアイヌのクマの神に関する信仰の一部だった可能性がある（樺太東海岸アイヌの山の人に対する同様の信仰は、Pilsudski〔1912: 135-136〕が報告しているが、山の人は半神半人で、アイヌのもとを訪れる際にはクマの姿をとるという解釈に対して、知里〔一九四四：五九‐六〇〕〔知里一九七三［一九四四］：三六〇〕は異議を唱えている）。

山の人の正体には議論の余地があるにもかかわらず、ハユフシマの物語に具体的に表現されたように、その信仰は、アイヌの神に対する概念全般の重要な側面をいくつか示している。第一に、彼らはアイヌに利益をもたらす者である。ちょうど主人が客人をもてなすように、神々は客人に贈り物をする。そのため、おそらくこの神話が作られた時代を反映して、神々はアイヌの来訪者にお土産になるワシの羽を渡す存在として描かれている。サンタン交易（第一章）の最盛期に、中国人はワシの羽を非常に高い値段で購入していた。この神話では、神々の力が破壊的になりうることも描かれている。そのため、アイヌがタブーを破ることで敬意に欠けていることを示してしまうと、そうした人や、その親族が、きちんと敬っていれば情け深いまさにその神々によって殺されることもある。

山の人は、アイヌと同じような家に住み、「人間と同じもの」として描かれているが、人間やその世界に対して神々とその世界は明確に区別される必要がある。濃い霧やシャーマニズムの儀式の煙などのテーマは、二つの世界の間の「壁」を象徴している可能性があり、霧と煙の白さは、この二つの世界を行き来する人間に求められる儀礼的な浄めを表しているのかもしれない。神々と人間の区別は、神の足跡の内側と外側の反転というテーマを通して表現されている。このテーマは、前述した神々の世界と人間の世界の昼夜の逆転、つまり人間が寝ている間、神々は起きているというテーマに呼応している（第四章）。

宇宙の社会集団としての神と人間は明確に区別されなければならないが、先ほどの物語に出てきた、神と結婚した女性や二人の長老のように、神へと変わる人間もいる。少なくとも長老の身分が一時的に変化したことは、アイヌが彼らを神々と同じように扱わなければならないことと、神々にとって不快な死者の臭いに曝してはならないという事実によって示されている。

このような神々の特徴は、これから見ていくように、山の神々に限ったことではない。

海の神々

水域に住むと信じられている神のうち、海の神と湖の守護神の二者が何よりも重要である。アイヌは、普通の海獣や魚を神格化していないが、前者を単に礼儀上神と呼んでいる。山の神の大半が実在の動物であるのに対して、海や湖の神は海獣ではなく、アイヌの前に現れたときだけ海獣の形をとると考えられている。時空を超えて遠くのものを見る力を持つシャーマンやその他の特権的な人々によると、これらの神々の魂は人間の姿をしており、海や湖のどこかにある世界に暮していると いう。

海の資源をどのように生産しているのかは説明されていないが、チェペヘテ・カムイは全ての海産物の創造者である。この神の姿は漠然としか考えられておらず、アイヌの説明では、アイヌにとって最も経済的価値の高い海獣であるアザラシに似ている。チェペヘテ・カムイは人間にだけでなく、その最高神であるクマにまでも食物を与えてくれるほど偉大な存在であるため、アイヌは木幣を奉げ、タブーとされる行為を遵守する（このうちのいくつかは前述した（第二章））ことで、この神へしかるべき敬意を払う。特に魚が不足するのは、この神の怒りによって引き起こされることだと考えられている。そのため、イヌの頭蓋骨やヘビのような神にとって不快なものを軽率にも湾内に投げ入れると、魚の出口にある戸を閉ざしてしまい、そして魚に溢れていた湾から急に魚がいなくなってしまう。そこでアイヌは、祈りと木幣を捧げることで怒りを鎮めてもらえるよう、この神のための儀式を行わなければならない。

もう一つの重要な海の神はチョーハイクフである。アイヌの説明では、その姿はシャチとかなりよく似ているが、前述のようにアイヌはこの神の正体は海獣ではないと信じている。チョーハイクフは神であるので、捕らえることも食べることも許されていない。それどころか、海獣猟に出ているものがこれらの神の一人に出会ったとき、その神に向かって木幣や他の利用可能な捧げ物を海に投じなければならない。海岸から発見した場合は、女性は海に向かって排泄してはならず、目も合わせてはならない。

その神は小柄であるにもかかわらず、クジラに遭遇すると、ヒレで切り刻むとアイヌは説明する。そして、骨と食べられない部分を海底に沈めて、アイヌがクジラの肉を楽しめるように骨のない四角い肉の塊だけを海面へ流す。北西海岸アイヌは捕鯨をしていなかったが、神がこのようにクジラ肉を提供してくれた場合（近年のフロオチで一度あったという）と、クジラの死骸が流れ着いた場合のように、手に入るときには、クジラの肉を好んで食べていた。

チョーハイクフはまた、アイヌの舟が嵐に巻き込まれたときには、その舟を守ってくれるとも言われている。この力は、フロオチの男たちが春のアザラシ猟中に嵐に遭遇した時、一度発揮された。突然何人ものチョーハイクフが現れて舟の両側に並んだところ、舟の前方の一帯が穏やかになり、男たちは嵐の中でも難なく集落に戻ることができた。

次の物語は、アイヌが認識するこの神が持つ有益な役割を表している。

昔、日露の旧国境近くのヨホホキナイ *Yoh-hkinay*（沃内川）に一組の老夫婦がいて、夫婦には非常に美しい一人娘がいた。その娘はいつも美しい宝石で身を飾り立てていた。多数の男性が、彼女の集落からも、遠くの集落からも、彼女に求婚しにきたが、うまくいかなかった。集落の人々は、

「あいつはお高く止まっている。自分がそんなに尊いと思うんなら、神様と結婚したらどうなんだ！」と噂し始めた。ある日、父親は新しく伐った柳の枝で木幣をたくさん作り、娘に海岸へついてくるように言った。隣同士に座ると、父親は娘に髪の毛からシラミを取るように頼んだ。そして父親は、集落の人々が娘について言ったことを説明し、チョーハイクフと結婚させてもよいかを娘に尋ねた。娘は同意した。娘を金の耳輪や他の多くの装飾品で飾るために二人は家に戻った。二人が海岸に戻ってくると、父親は舟の床に木幣を敷き詰め、娘をその上に座らせた。舟が祭壇のように見えるよう、娘が女神のように美しく見えるよう、父はさらに木幣や捧げ物となる食べ物、家から持ってきた家宝を舟に積み込んだ。父親が岸から遠くに舟を漕いでいくと、三人の海神が現れて舟に向かってきた。その姿は、小さなクジラのようで、噴出孔がない代わりに背びれがあった。真ん中にいるのは娘が結婚することになっているチョーハイクフで、両側にいる二人はその召使いだった。三人が舟の横に来ると、父親は、長たるチョーハイクフの背中に娘とともに木幣と御馳走を置いた。そして、父親の最も大切な宝物である刀を娘の肩から下げ、残りの御馳走を召使いたちの背中に乗せた。三人は舟の周りを回って沖に泳いで行った。父は三人の神と娘の姿が水平線に消えたのを確かめてやっと家路についた。

翌日から、老夫婦は毎日のように家の前の海岸で大量の魚を見つけた。その魚はマチャハチ[79] *maćahči*（アイヌが魚を包んだり、魚の下に敷いたりするのに用いる植物）の上にも置かれていて、まるで獲れたてのように新鮮であった。別の言い方をすれば、娘が嫁いだチョーハイクフは良い義理の息子として、義理の両親に仕えていたのである。

数年後、父親は再び木幣と御馳走を舟に積み込み、岸から出て行った。すると、神様は赤ん坊を連れた娘と一緒に現れた。父親と娘は抱き合った。父親が木幣と捧げ物を置いた後、三人は沖へと泳いでいった。[80]

アイヌは、自分たちがこのヨㇹㇹキナイの夫婦と関係があると考えているが、この物語を守護神としてのチョーハイクフがアイヌの生活を見守っている具体的な例として捉えている。また、この物語は、アイヌがいま遵守している慣習の一部をチョーハイクフがどう教えたかを示している。娘がチョーハイクフと結婚した後に、父のもとに現れた時、中国風の立襟が付いた衣服をまとっていた。そのため、中国風の立襟の付いた女性の衣服は、この女性からアイヌに伝えられたと言われている。さらに、この女性の赤ちゃんは、額の前の髪の毛から三角形の裂をぶら下げていたことから、前述のアイヌの男児の髪型の由来となっている（第四章、この物語のさらなる分析については、Ohnuki-Tierney 1968: 245-247 を参照）。

チェペヘテ・カムイとチョーハイクフの両名は、極めて神聖であるため、誰であっても（特に女性）、ささやき声以上の声量で口にしてはならない。さらに、どちらかの神について話し始めるときは誰であろうと、「レポロ・ウン・カムイ・ヘンケ・ウタハ *Reporo un kamuy henke utah*（沖にいる神たるおじいさんたち）」という呼びかけで始めなければならない。神々の名前を声に出して言わないことを要求するこのタブーは、すべての重要な神々だけでなく、尊敬されている長老にも適用される。しかし、このタブーは、この二人の神に言及するときに最も厳密に守られている。フシコは、私が会話に夢中になって、通常の声の大きさでこれらの名前を発音したときに厳しくたしなめた。クマを含む他の神々の名前を声に出して言ったときには、私をたしなめることはなかった。
水域に暮らす重要な神々のもう一つは、湖の守護神である。湖にはそれぞれ守護神がいるとされており、一般のアイヌにはアザラシの姿で現れることが多いが、時には大きなチライ（イトウ）の姿で現れることもある。シャーマンや他の賢明なアイヌにしか、その生き物が神であって、普通のアザラシやイトウではないことは分からない。彼らは雄でも雌でもある。例えば、ライチシカの湖には、小さなアザラシとして現れる女性の守護神がおり、トー・アハチ *to:ahči*（湖の祖母）と呼ばれていた。ライチシカの近くのアルトロ *Arutoro* にある別の湖では、守護神は男性のチライ（イトウ）で、「逆さまになった家ほどの大きさ」だった。しかし、アイヌの多くはこれらの神を見たことがない。そうした神が存在することは主に声で分かる。溺死や、湖での嵐など、何か望ましくないことが起こる直前に、アイヌに知らせてくれるのである。この場合もまた、次の物語が、このカテゴリーの神々への信仰を最も鮮やかに表現している。

昔、海岸の集落で妻と一緒に暮らしていた男がいた。夫が狩猟から獲物を持って帰ってくると、妻はその肉を料理した。夫婦は食事をして一緒に眠った。ある日、男が狩猟に行った後、妻は捧げ物を作り、赤いお膳の上の赤い椀に食べ物をよそって、美しい服と装身具に身を包んだ。儀式用の茣蓙と、捧げ物の料理を抱えて、妻は家の裏手から始まる曲がりくねった道を進んだ。妻が小さな湖に着くと、湖の縁に茣蓙を敷き、お膳の上に捧げ物の料理を置いて踊った。踊りながら湖の守護神に「早く来てください。昼も夜も愛し合いましょう」と呼びかけた。踊り続けていると、湖の真ん中からアザラシが出てくるのが見えた。アザラシは岸に着き、体から水を振り払うと、美しい青年に姿を変えた。二人は昼も夜も愛し合い、神様は捧げ物の料理を食べた。そして、妻は夫が山から帰ってくる前に家に帰らなければならないことを思い出した。

帰宅した彼女は普段着に着替え、夫のために食事を作った。二人はいつも通りの生活を続けた。数日後、夫は再び山へ行き、妻は湖へと向かった。彼女は再び神との楽しい時間を過ごし、夫の帰りに間に合うように帰宅した。また数日後、再び二人はそれぞれ山と湖に向かった。この時、神様は捧げ物の料理を彼女に食べるように少し残した（先に見たように、これはアイヌのプロポーズの方法である）。ところが、二人が楽しんでいるうちに、神様は突然うめき声をあげ、痛みでのたうち回った。すると、目の前には狩猟をしていると思っていた夫が立っていた。神様は夫に銛先で突かれた傷から血を流していた。妻が夫に殴られている間に神様は湖に逃げた。

家では夫は彼女に話しかけることはなかった。一方、彼女は自分のせいで傷ついた神様のことを考えずにはいられなかった。ついに彼女は捧げ物の料理を作り、一番美しい着物を身にまとい湖に向かった。湖には傷を負った神の血が残っていて、その血痕をたどっていくと、彼女は水の下に導かれて湖の対岸に上がった。大きな岩が聳えていて、そこには大きな洞窟があり、そこから誰かのうめく声が聞こえた。そこの主人に自分が来たことを知らせるために彼女は何度か咳をした。神様の妹である若い女性が出てきて、女性を洞窟に招き入れた。神様は頭を高い枕の上に、足をもう一つの高い枕の上に置いてうめき声をあげて身を悶えていた。彼女は神様の傷が完全に癒えるまで、神様の看病をした。数年後、彼女は男の子と女の子を出産した。彼女は老齢になり、死後、神の世界に加わった。そこで彼女は自分の子どもたちが有名になったとうわさに聞いた（詳細は Ohnuki-Tierney 1969b 第七話参照）。

天の神々

アイヌによれば、カント *kanto*「天」は「六つの」層からなっている。アイヌ語で「六」という数字は「多く」を意味するので、アイヌの天を垂直面はいくぶんかレイヤーケーキのようなものとして想像するかもしれないが、宇宙全体の形が立方体なのか、ドーム状なのか、あるいは、境界が確定されているのかどうかは不明である。空間構成に関してアイヌは「六」層の構造であるとのみ説明している。アイヌによれば、天の各層は、地の層、天の層、そしてその間の空間からなっている。しかし、アイヌの日常的な行動環境の認識という点では、アイヌは自分たちの暮らす地面、地と天の間の空間、そして天があり、さらにその上にもう一つ天の神々が居住する地の層があるという現実の中に生きているのである。そうした天に暮す神々の中で最も重要なのは日月の女神と龍神であるが、他にも多くの神々や、ウサギ、ジャコウジカ、ルロヤウ[81] *ruroyau* が天にある地面に住むと考えられている。

太陽（トーノ・チュフ *to:no čub*「日中の・月」）と月（クンネ・チュフ *kunne čub*「暗い月」）は同一の女神とされており、天の神の中で最も重要な存在である。アイヌの神々のもう一人の女神である火の媼神と同じように、日月の女神（チュフ・カムイ *Čub Kamuy*）は、アイヌと他の神々との間を取り持っている。それゆえ、先に見たように、月の後半には、この神が泣いているためアイヌからのメッセージを伝えることができないと信じられており、アイヌの儀式を行うことは許されていない。各家庭は年に二回、この女神のために特別な儀式を行い、この儀式のために家の外に特別な木幣を立てる。この木幣には、エゾマツの幹の皮を水平に三ヶ所剥いで六重の天を表現したものが彫られている。樹皮の剥いた部分と剥いていない部分が交互に六本の帯になっているのが六重の天を象徴している。また、この神は女性なので、アイヌは木の丸い輪を二つ作り、それを耳飾りとして儀式用の棒に付ける。女神はカント・コロ・カムイ *kanto koro kamuy*（天を司る神）と呼ばれているが、アイヌではこの女神の力の性質については、仲介者としての役割以外には何も詳細に説明していない。その他の天の存在は女神の支配下になく、風や嵐などの天に関係する自然現象も女神が引き起こすものではない。日食と月食は同じ現象を構成すると考えられており、カラス、キツネ、リス、タコのいずれかが女神を飲み込むことで起こると信じられている。

龍神（カンナ・カムイ *Kanna Kamuy*）も天の神々のもう一つの重要なグループである。彼らの居住地は天のどこかにあるが、水を飲んだり、単に訪れるために川や湖に降りてくることもある。彼らは仲間内で定期的に戦いを行うとされており、雷鳴は戦いの音で、稲妻は刀のきらめきによるものだと考えられている。アイヌは、龍神がなぜ有益であるのかを説明したり、この神に対して儀式を行ったりすることもないが、龍神を最も神聖で力の強い存在と考えている。そのため、ちょうどクマ皮を保管することができないように、龍の刺繡が施された渡来の中国製の衣服など、龍の絵柄が描かれたものを長期間保管することは許されていない。

いくつかの物語で証言されているように[82]、アイヌにとって龍は現実に存在するものである。例えば、あまり古くない時代、北西海岸のトマリケシで大きな雷雨があり、その間に生きたウサギや毒ヘビ（真っ二つになったものもいた）が天からたくさん落ちてきた。すると突然、天から巨大な物体が落ちてきて、トマリケシの湾の口全体を塞いだ。それは龍神だった。誰もどうしたらいいのか分からなかったが、一人の賢い老婆が人々に「家の中にいるように」と言い、一人で湾の横の高い崖のてっぺんに上がった。そこで下帯を振りながら龍神に祈りを捧げると、龍神は崖を登って天に昇っていった。この崖の上の龍神の爪の跡は、ほんの少し前の出来事であるかのように、今でも鮮明に残っている。この出来事があったことから、この場所はカムイ・インタラ *Kamuy Intara*（神の足跡[83]）と名付けられた[84]。

多くの神が縫い針を嫌うと信じられているが、龍神は針を恐れているだけでなく最も針に敏感だと言われている。例えば、ある物語にあるように、かつて大変な美貌の女性がいて、美しく身なりの良い青年が毎晩のように訪ねてくるようになった。しばらくして二人は結婚した。青年はその女性と寝るときには人間のような顔をしていた。しかしある日、女性は家を出ようとしていた男の姿を偶然目にしたが、その男が神様なのか化物なのか分からなくなってしまった。それから、彼女は自分の夫が集落の裏手にある湖を訪れていた龍神であることを悟った。彼を恐れていた彼女は、彼が帰ってきたときにこっそりと彼の衣服に針を刺した。彼は次の日に再び出て行ったが、戻ってくることはなかった。彼女は湖に行き、そこで、体に針が刺さって死んでいる龍神を見つけた。

この物語は、アイヌの神々に対する態度とは奇妙な乖離を示している。アイヌでは、魂の再生を確かなものにする目的の場合や、例えば前述の話のようにアイヌの男性から妻を奪うなど、神がアイヌの暮らしを脅かす場合にのみ他の神を殺したりする。しかし、この龍の物語では、女性が怖がったというだけで女性自身によって龍神が殺害されてしまうのである。タブー以外にはこれらの神に対する儀式が見られないこと、アイヌの伝統的な態度からの逸脱など他のいくつかの要因から、龍信仰の極めて長い歴史を有するアジア大陸の他の民族を介して、遠くない昔に龍信仰が伝えられたのではないかと思われる。

神々の概念

北西海岸のアイヌの神々には、上で取り上げた神々以外にも多くの神々が含まれているが、アイヌは宇宙のすべての存在を神格化しているわけではない。アイヌは比較的少数の存在を神として選んでいるのである。大変残念なことに、当初、アイヌ語のカムイ（神もしくは神々）という用語の用法を誤解していたために、私がこの事実を理解するのには大いに時間がかかってしまった。アイヌがカムイと呼んでいるすべての存在をノートに取り、アイヌの神々の中に含めていたのであるが、どういうわけで神と考えられているか当事者の説明を聞こうと、一つ一つ神々のリストをフシコに尋ねた。「なぜウサギはカムイなのか？」と聞くと、「いったいどうしてウサギがカムイなのか？　女でも捕まえて食べることができるのに」と尋ね返した。「でも、あなたはそれをオスケヘ・カムイ *osukeh kamuy*（ウサギ神）と呼んでいた」と指摘したところ、「おおそうだ、どんな存在でも丁寧にカムイと呼ぶのは良いことだ。そうすれば魂は喜び、我々に悪さをすることもない。だから化物でもクンネ・カムイ（暗い神もしくは暗闇の神）やウェン・カムイ *wen kamuy*（悪い神）と呼ぶ。そうすれば、彼らは喜んで私たちに近づいてこない。もし私たちが化物と呼べば、彼らは恥をかかされたと思って、私たちを攻撃してくるだろう」と説明してくれた。結果として、呪符、護符などのモノだけでなく、経済的に重要な陸海獣数種、鳥類数種、バッタ類、ヘビ類を含めて、これらの存在を私の作った神々のリストから消していった。

アイヌの神の概念に対する調査は、「カムイ」という用語のもう一つの用法によってさらに困難になった。つまり、この用語がスマリ・カムイ（キツネの神）のように特定されるのではなく、単独で用いられる場合には、具体的に最高神たるクマを指すことも、一般化されたカムイ（神全般）の概念を指すことも、その時に話題に上っている特定の神を指すこともある。言うまでもなく、カムイという用語のこうした用法を理解してからは、アイヌの神の概念を真に理解しないままに書いたフィールドノートを何時間もかけて見直した。

それでは、アイヌの神とは何者なのか。アイヌの神々は自然と同等のものというわけでも、また宇宙の有益な存在すべてがアイヌの神というわけでもないことは注目に値する。したがって、アイヌにとって肉や皮、油の供給者として最も有用な普通のアザラシは神格化されていない。チェペヘテ・カムイ（海洋資源の創造者）もアザラシではなく、アザラシのように見えるだけである。植物、魚、イヌ、ジャコウジカ、トナカイなどの経済的に重要な宇宙の「住人」も神格化されていない。一方、オオカミやキツネの経済的価値は非常に限定されているが、重要な神様となっている。若干の神々について簡単に考慮して、以下の考察では、アイヌの神々の概念を読み解いてみたいと思う。これから述べることは、アイヌによる神々の解釈や一般化ではなく、なぜアイヌが自分たちの宇宙のある存在を選び、それを神と考えているのかを私が理解しようとするものである。そのために、上記のような神々についてアイヌが説明していること、そうした神々の性質や行動について私が知っていること、そしてそれがアイヌにとって意味するかもしれないことをつなぎ合わせた。

まずは火の媼神である。アイヌの心の中では仲介としての火の役割が際立っているが、火の実際上の重要性は改めて説明するまでもない。この北の大地では、真夏でも囲炉裏の火を絶やさないようにしなければならない。さらに、アイヌの嫌悪する生モノを口にできる食物とする唯一の方法が囲炉裏の火である。加熱は数少ない保存方法のひとつでもある。魚を天日干しにして自然冷凍するのに加えて、アイヌは冬に備えて大量の魚を燻製にする。夜、男女が木彫や機織り、裁縫をしたり、時にはただ物語を聞いたりするときには、囲炉裏の火の明かりと、囲炉裏の火から火をともした貝殻製の灯明が唯一の明かりとなる。猟師にとって、火の媼神は暖かさと調理のための熱源であるだけでなく、山に滞在中、獣から身を守る唯一の真に有効な方法を提供してもいる。しかし、アイヌは、いったん手に負えなくなると、火が破壊力をもつことをよく知っている。

クマも火と同じように、アイヌにとっては肉や油の供給源として有益な存在である。しかし、人間を容易に殺すことができる。クマは冬の間は飲まず食わずで生き延びことのできる冬眠という謎めいた行動をしているだけでなく、メスの場合には子を産み育てることもある。これは、夏期の労働の大部分を冬に生き延びるために費やしている人間の能力を全く超越している。オオカミやキツネは非常に知能の高い動物とされ、オオカミの場合トナカイなどの大型動物さえも殺す。フクロウは、食糧庫の中にある冬用の保存食を荒らして人間の生存を脅かしている本当に厄介なネズミを食べることで、アイヌを積極的に助けている。また、フクロウは不思議な存在でもある。目が正面にあって人間のような顔をしているだけでなく、音を立てずに飛び、夜も起きているという点でもほかの鳥類とは違っている。そのため、フクロウの起きている時間は、神や化物に割り当てられた時間と重なっている。

太陽と月の重要性は説明する必要はほとんどない。しかし、太陽の暖かさや明るさは、もっと南の地域よりもこの北の大地でより高く評価されていることを指摘しておきたい。また、月は夜に外を照らす唯一の光源であり、それによって夜に歩かなければならない人々の命を救っている。また、先に見たように、太陽の下で魚を干すことも食料を保存する重要な手段となっている。アイヌは二人の海の神様をいわゆる動物や自然現象と結びつけることはしていないが、アザラシとシャチがそれぞれ「神話的」な神様を作り出すもととなったのではないかと考えられる。これらの神は、アイヌにとっては魚を作り出したり、クジラの肉を提供してくれたりするなどの恩恵があるが、これらの神様が超人的な力を持っているからこそ、そのような恩恵を受けることができるのである。龍神にアイヌは雷や稲妻などを引き起こす危険な力を割り当てるだけである。アイヌにとって有益な特別な力はもっていない。龍は鳥の翼、魚の鱗、馬の頭といった、宇宙の様々な場所に居住する生物の性質を有する宇宙の神秘的な存在である。

それゆえ、アイヌが神として選び出す存在の最も重要な特性は、人間の能力を超えた特別な性質であると考えられる。アイヌの神々の大半は、同時に人間に利益をもたらすものである。クマやシャチに代表されるように、神が偉大であればあるほど、その力は広範囲に及んでいる。アイヌ自らが説明するように、「人間が簡単に捕らえて食べることができ、アイヌに害も利益ももたらさない動植物」を神とは扱っていない。選ばれた存在には、火に割り当てた仲介の役割のような更なる「超越的な」力を付与し、そうした力こそがアイヌが自分たちの神々に結び付ける最も重要な資質となっている。そのため、火の媼神は仲介者としての最も重要な存在であり、熱や光の源としての火は、アイヌの心の中には表立っては現れてこない。

しかし、アイヌはすべての魂の持ち主に対しても丁寧な態度をとっている。この魂に対する礼儀正しさは、彼らが「本当の神様」と呼んでいるものへの尊敬と区別がつかないことが多い。しかし重要なのは、アイヌはそれぞれの神々のために特別な儀式を行っているが、普通の魂の所有者に対する儀式は魂を適切に扱うことに限定されているという事実である。

いま示したアイヌの神の概念は、他の研究者によるアイヌの神の多くの解釈とは大きく異なっているが、研究者の大半は北海道アイヌの研究をしており、彼らの解釈の多くは、アイヌの神をより広く定義している。例えば、渡辺仁はカムイを「自然すべて」と同一視し（Watanabe 1964:81）、知里真志保は植物や舟、錨などの物体を「カムイ」の中に含めている（知里一九五四：三五九）。金田一京助は同様に広い範囲の現象をカムイに含めている（金田一一九二五：二五三－二五八）。アイヌの神々の解釈の違いは、地域の違いやアイヌの観念が時代とともに変化したことによるところが大きいのではないだろうか。他の地域のアイヌでも同様に「カムイ」という言葉を寛大に使ったり、神格化されていないものを「カムイ」と呼んだりしているのかどうかを調べてみるのも興味深いことだろう。

アイヌの神々に関する最後の話題として、知里の興味深い提案を簡単に議論したい。知里は、アイヌの動物神はすべて自らの世界では人間と同じ姿で、人間と同様の生活を営んでいると主張している。しかし、アイヌの客人がお土産を持っていくように、アイヌへの土産として肉や毛皮を持っていくため、アイヌの世界を訪れる際には、「動物の姿に」変装しているのである（知里一九四四：二七－二八；一九五四：三五九－三六一）。北西海岸のアイヌの人たちは、直接これが本当かどうかと尋ねられると、この考えを否定する。しかし、禿げた山の神やチョーハイクフ（シャチ）、湖の守護神などのいくつかの物語には、こうした神々が自分の世界にいるときに人間の姿や生活様式をしていると描いていることを示唆している。この点において、樺太北西海岸のアイヌよりも、知里が調査を行った地域のアイヌの方がはっきりとした認識を持っていたのかもしれない。

化物

化物（オヤシ *oyasi*）が存在することは、アイヌにとって神々が存在するのと同じくらい現実的なことである。化物は神とは正反対の概念であり、人間を滅ぼす力を示し、人間を殺害することも多い。そのため、最も恐ろしい化物は集落の全ての人を皆殺しにする力を持つ化物であり、文化英雄ヤイレスーポが宇宙の始まりに殺した夫婦の化物のようなものである。この［宇宙の始めのころについての］物語[85]の中でヤイレスーポは、満月ほどの大きさの一つ目の化物夫婦によって根絶やしにされた隣接する二つの集落のたった一人の生き残りとして描かれている。この小さな赤ん坊は荒れ果てた集落で泣いていたが、赤ん坊の文化英雄を育てるために守護神が空から降りてきた。その子が若者になったとき、神は自らの正体を明かした。神は少年に戦の装束をまとわせ、化物を殺す方法を教えた後、少年に、自分の魂が空に戻ることができるように、自分を殺せと命じた。そんなことはできないと思ったが、守護神の強い要求に促されて、少年はついに勇気を振り絞って神を殺した。その魂はシャーマンの儀式をする声と守護神の声（守護神がおそらく儀式をしている）が聞こえる中で空へと旅立った。

少年はマスの干物で昼食を作り、守護神からの教えに従って、雄の化物の巣穴に到着した。その前にはただ人間の骨が積み重なっているだけだった。人肉の匂いを嗅いで、化物は巣穴の中から出てきた。その一つしかない目は満月のように大きく、上あごは空にとどき、下あごは地面をえぐっていた。皮を突き通すことができないので、少年は口の中に飛び込んで、守護神からもらった刀で化物の腹を内からさんざん切って殺した。化物の肉を切り、その肉を木、草、地、川など宇宙のあらゆる存在に分け与えた後、雌の化物の退治に出発した。そして、老婆を装った女神の助けを借りて、同じ方法で雌の化物を退治した。そして、少年は他の場所から人を連れてきて、この化物に滅ぼされた二つの集落を再び繁栄させた。

他にもおびただしい数の化物がいるが、より「有名な」化物は宇宙の始まりに存在しており、それらは神話でのみ語られている（Ohnuki-Tierney 1969b を参照）。漠然と捉えられた存在でしかないものもいくつかおり、また、その他のものは、決まった外見を持たずに意識されているもので、我々の言い回しでは悪霊に近い。しかし、それらはすべてオヤシと呼ばれ、アイヌ自身は「目に見えるもの」と「目に見えないもの」の二つのタイプを区別している。目に見えない悪霊が近くにいると、不思議な感覚を覚えるので、それがそこにいると確信できる。これらの「アイヌ自身による」カテゴリーの他に、アイヌの化物を、本来的な化物とさまよう魂の化物という二つに分類する別の方法があると私は考えている。本来の化物とは、いわば生まれつきの化物である。その中には、先ほど紹介した化物夫婦のような「想像上」ということとの出来るものもあれば、アイヌが事実に基づく知識をほとんどもたない実在の動物に対応するものもある。例えばオオヤマネコ（第二章）は、樺太では数が少ないので、アイヌはこの動物に瞬時に増殖するなどの「神話的な」行動とつなげて捉えている。他には、化物鳥（おそらくヨタカ科の夜行性の鳥）があり、その鳴き声が狂気を引き起こしたり、「家をひっくり返し」たりすると信じられている。夜行性の鳥なので、アイヌは夜に聞こえる鳴き声を除いて、その正体に関してほとんど知識を有していない。しかし、他の本来的な化物の中には、ネズミのような一般的な種から迷い込んだものもいる。[86]そして迷い出たネズミは、姿が見えなくなったり、巨大化したりと異常な行動をとる。一方、私がさまよう魂の化物と呼んでいるものは、本来は化物ではないが、アイヌが魂を粗末に扱ったことによって化物になってしまったもので、全く別のタイプの化物を表している。その中には、持ち主が他の集落に移るなどしたとき、壊されず置き去りにされたので化物になった楽器（第三章）やアイヌの道具がある。[87]それゆえ、道具から魂が抜け出て、あの世にきちんとゆけるように、持っていけない道具はすべて壊さなければならない。

アイヌの化物に対する儀式は、化物を追い払うか殺すかということと、魂の再生を防ぐことに重点が置かれている。化物を遠ざけるために、お守りや護符を身につけたり、第四章で見たように幼児にぼろを着せたり、「汚い」名前で呼んだりするなど、様々な予防策がとられている。化物や悪霊が原因と信じられている病気の蔓延を防ぐために、アイヌは戸口に様々なお守りを置いたり、路傍に子イヌの頭骨や草の束、彫刻した棒などを立てたりしている。子イヌの頭骨は生き返って化物に向かって吠え、草の束は刀に変わり化物と戦う勇者となると信じられている。他にも、葬式（第四章）に関連して行われるような様々な悪霊祓いの儀式を含めた、数多くの儀礼的行動がある。

化物の魂の再生を防ぐためのアイヌの儀式は、殺した化物の体が取り込まれるよう「細かく刻んで」宇宙の諸々の存在「大地、川、草木など」に分け与えることを必要とする。このように、神々や魂を持つ存在の再生を確実にするアイヌの儀式とは対照的に、化物に対するアイヌの儀式は、化物の体だけでなく魂も滅ぼすことに重点を置いている。

神と化物と人間の関係

アイヌの神と化物についての以上の記述は、神・化物・人間が三大社会集団を構成するアイヌの非常に複雑な宇宙のごく一部を明らかにしているに過ぎない。神は強大で慈悲深く、化物は破壊的な力を持ち、人間は神にも化物にも無力である。アイヌの行動の多くは、神を喜ばせ、化物を追い払う努力に支配されている。こうした三つの宇宙の存在の間で行われる「コミュニケーション」は様々な形をとる。神々に対して、アイヌは儀式を行ったりタブーを遵守したりすることで神々への敬意やその他のメッセージを伝える。タブーに違反すれば、神々の気分を害することになる。神々が喜べば、お返しにアイヌに豊富な食物、子ども、公共の福祉、生活に必要な知識や技術を授ける。しかし、怒った場合には、死や病気、飢饉などの罰を与える。

このようなコミュニケーション以外にも、神々とアイヌはメンバーの交換を行っている。神々はアイヌの女性と結婚して一時的にアイヌの世界で暮らすこともあれば、文化英雄の物語に描かれているようにアイヌの世界を訪れて援助をすることもある。逆に、アイヌの男性が神々の世界に行ったり、アイヌの女性が神と結婚して、神がお返しにアイヌの親族、あるいは全アイヌのために幸運を恵んだりすることもある。場合によっては、アイヌが死後に神として扱われることがある。それによってその人物は人間の世界の一員であることを放棄し、神々に加わる。

もう一つのタイプのアイヌと神々との間のコミュニケーションには化物が関わっている。アイヌが非常に恐ろしい化物に立ち向かうためには、神々の助けを借りなければならない。なぜかアイヌの神々自らが化物を退治することはなく、退治方法をアイヌに指示するだけである。したがって、アイヌは神々からの恩恵を求めるだけでなく、化物から身を守る必要がある。

しかし、非常に恐ろしい化物の中には、アイヌが粗末に扱ったことで化物に変わってしまった、単に魂を所有するだけの宇宙の存在もいる。さらに、無作法にふるまうと、慈悲深い神々でさえアイヌに死を与えることがある。

つまり、宇宙のあらゆる存在を善の要素にも悪の要素にも変える力は、無力であるアイヌの手にかかっている。さらに、このようなアイヌの宇宙に存在するものの性質を形成・変容させる能力は、ある社会集団の一員が他の社会集団に移ることができるというように、宇宙の住人の分類の基本的な体系に驚くほどの流動性を与えている。

シャーマニズム

シャーマニズム（トゥス *tusu*）は、アイヌの宗教において非常に重要である。しかし、シャーマニズムはアイヌの信仰や儀式の他の実践とはいくつかの重要な点で対照的である。これらを対比することはシャーマニズムの本質を明らかにするのに役立つので、本章の最後にシャーマニズムについて述べる。

シャーマニズムの儀式をいつ、どこで行ってよいのかについては、厳格なルールがある。時間は日没後であり、日中には決して行われない。囲炉裏の残り火が唯一の明かりである。儀式は一年のうちいつでも行ってよい。実際には、夏の漁期よりも忙しくない冬の時期に行われることが多い。場所はきまって屋内の囲炉裏の側である。最後に、生理中の女性は、シャーマンとしても観客の一員としても立ち会うことは決して許されない。

公式に通知されることはないが、シャーマンが儀式を始める合図である太鼓の音が聞こえてくると、興味を持った人たちがシャーマンの家に集まってくる。煙を出すために、シャーマンの助手は、三つの芳香植物を火にくべる。エゾマツの枝を一、二本か、シャーマンが女性の場合はグイマツの枝、ヌフチャ（カバフトツツジの葉）と刻んだ乾燥ギョウジャニンニクを用いる。儀式の間中、シャーマンはエゾマツとヌフチャとコンブを浸した器に海水を入れて飲む。アイヌは普通、この液体は塩辛くて飲みえないが、おそらくシャーマンではなく補助霊が口にするので、シャーマンは儀式中に二〜三杯飲むことが多い。この液体はまた、シャーマンが口から吹きかけることで悪霊を祓う儀式の最初と最後にも使用される。この液体は料理のときに使う「だし」と全く同じである。シャーマニズムの儀礼は、まさに、レヴィ＝ストロースのいう「自然」を「文化」にする過程である（Lévi-Strauss 1969）。

シャーマンは、火の媼神と他の神々に助けを求めることによってこの儀式を開始する。その後、シャーマンは相談人の病いの症状を説明するなど、どのような儀式が行われるのかを具体的に示す。植物から出る煙と太鼓の音のまっただ中で、塩分を含んだ液体に助けられて、シャーマンは自らの精霊に憑依され、少なくとも半分トランス状態か半無意識の状態になる（ヌフチャに含まれるごく少量のパラクレゾールや、トリカブトの根に含まれるアルカロイドがそれらを口にした一部のシャーマン〔後述〕に何らかの影響を与えている可能性がある）。シャーマンの声は荒々しくなり、通常の声とは異なってくる。口笛やうめき声、「ヤ、ヤ、ヤ、ヤ…」のような急速な発声を含んだ奇妙な音を発する。儀式の最も重要な部分は、補助霊がシャーマンを通して、例えば、神から受け取った病いの原因と治療法に関する託宣を告げるときである。神々のメッセージには通常、前述の神々の言葉と年長者の言葉の両方が含まれているので、観客の中に、託宣を通訳する人がいなければならない。多くのシャーマンがトゥスの最中に何を言ったか覚えていないと主張するので、これは必要なことである。

▲フシコと、壁にかかったシャーマニズムの儀礼で用いる太鼓と削り掛け（左）
護符と削り掛けが壁の右側に見える（1950年代に撮影）（フシコ提供）

太鼓は、樺太アイヌのシャーマニズムの儀式において重要な要素である。それは悪霊に対する護符としても、補助霊を呼び出し、神々の注意を引く手段としても機能する。暗闇の中、普通は人でいっぱいの小さな家の中で、太鼓の連続したリズミカルな音は、しばしば聴衆とシャーマンの両方に異様な効果をもたらす。シャーマンはトゥスのために特別な衣服をまとうことはなく、身に着けているのは、特別な頭飾り、様々な護符が取り付けられた鉢巻、首飾り、そして儀式用の削り掛けだけである。

たいていの場合、病いの原因や治療法についての情報を神々に求めるために儀式が行われる。儀式の対象となる病いは深刻なもので、アイヌはアラカ *araka* と呼んでいる。アラカは、局所的なずきずきとした痛みや局所的な痛みを伴う軽症とは区別されるが、ひどい火傷や切り傷はアラカに分類される。重篤な病いのよくある原因としては、病人や他の人間（こちらの場合のほうが多い）の不適切な行動による神罰で、キツネ神による妖術、さまよう魂の憑依などがある。ほとんどの場合、病人と病いの特定の原因との間には必然的な関連性はない。儀式はまた、行方不明者や紛失物のいずれかを見つけるために、または子供の名前を付ける際に神々からのアドバイスを求めるために行われることもある。シャーマンの中には、奇跡のパフォーマンスで有名な人もいる。[88] 例えば、シャーマンは、魂を連れ返しにあの世へ行くことで、死んだクマや死んだ人間を蘇らせることがある。他の例としては、自分の体を傷付けることなく小刀を胸に突き刺したり、海を奇跡的に固体化して杖をついて海の上を歩いたりすることもある。報告されている奇跡のほとんどは、遠い昔に亡くなったシャーマンによって実行された。より一般的なタイプの「奇跡」のパフォーマンスは、食べると死に至ることがあるアルカロイドの毒を含んだトリカブトの根を口にすることである。その根を食べるのは、シャーマンというよりは、トリカブトの根を好む特定の補助霊であるがゆえに、シャーマンは何ともないのだと説明されている（樺太にはいくつかの種類のトリカブトがあり、おそらく致死性のない種類を知っていて、それを使っているシャーマンもいる）。伝説の中であれ、現実の中であれ、こうした奇跡のパフォーマンスは、シャーマンの力への信仰を強めるのに役立っている。

シャーマンが予想された結果を出すのに失敗した場合（これは時々起こる）、失敗した状況的な理由を説明する。例えば、観客の中にいたと思われる月経中の女性が、善良な神々が助けに来るのを邪魔したのが理由である。

時折失敗するにもかかわらず、シャーマニズムは患者に大きな心理的救済と安心感を与え、それによって実際の健康状態の改善をもたらすようである。このような理由から、シャーマン自身も体調が良くないときに儀式を行うことが多い。例えばフシコは、前の晩に儀式を行ったので気分が良くなったとしばしば言っていた。

アイヌのシャーマニズムでは、精霊の憑依が最も重要な要素である。シャーマンの精霊はトゥス・カムイ *tusu kamuy*（シャーマニズムの神）と呼ばれる。しかし、このように呼ばれているにもかかわらず、彼らは真正の神々とはみなされていない。しかし、トゥスの補助霊であるコシンプフ *kosimpuh* が何者であるのかははっきりしない。フシコに聞くのも健康に影響を与えるような内容なので、その話をするには適切な気分と体調である必要があった。彼女は、シャーマニズムに関わることについて学ぶ唯一の方法は、シャーマンになることだと言い張り、シャーマニズムに関わるような深い知識を単に言葉で表現することはできないと主張した。彼女がこの話題に消極的だったのは、儀式中に意識を失ったからではない。彼女はそう主張し、儀式中の自分の行動を思い出せなかったとされる他のシャーマンの主張に疑念を示した。バッタ、ハシブトガラス、ワタリガラス、ツル、マガモなどの神とされていないいくつかの動物も精霊になるようであるが、前述のトリカブトの根を好む霊など、動物以外の精霊も多数存在している。アイヌの主要な神々は補助霊がシャーマンに代わって獲得しようとする究極の情報源のようであるが、そうした神々が補助霊になることはないようである。

アイヌは、特定のシャーマンに憑依するかどうかを決めるのは補助霊であるという点で、シャーマンは完全に受け身な存在であると強調している。シャーマンと特定の精霊との間に恒久的な関係が築かれることはない。通常は、シャーマンがいわば多数の精霊を持っていて、その中の一つが特定のパフォーマンスの間にシャーマンに憑依するか、または一定期間繰り返しシャーマンに憑依するというもののようである。シャーマンのパフォーマンスが成功するかは、一つの精霊のみに依存しているのではない。シャーマンは様々な神々や自分の守護神だけでなく、親戚や先祖の精霊や守護神にも助けを求める。最も重要なことは、火の媼神が仲介しなければならないということである。したがって、シャーマンの成功は、宇宙の様々な慈悲深い存在との良好な関係にかかっているのである。

樺太ではシャーマンに男性と女性の両方がいる。最近まではほとんど同じ人数だったが、現在では女性シャーマンの数が男性シャーマンの数をはるかに上回っている。シャーマンの地位それ自体は遺伝的なものではないが、シャーマンになる気質は家族の中で受け継がれていると考えられている。しかし、誰でもシャーマンになれるわけでも、単にシャーマンになりたいと思っただけでシャーマンになれるわけでもない。通常、自分ではどうすることもできない激しい感情を経験することがきっかけとなる。シャーマンはたいてい、一〇代前半、思春期の頃、あるいはそのずっと以前の時期にこの経験をする。数年後（何らかの人生の危機であることが多い）、その人たちはしばしば無意識のうちに、最初のシャーマニズムの儀式を行うことがある。初めは、ほとんどのシャーマンは、その状態に囚われたときにだけ儀式をおこなうが、彼らは徐々に、望んだとき（多くの場合、相談者の依頼に応じて）にのみ実行することができるようになる。シャーマンの力は、経験を積むにつれて徐々に高まっていくと考えられている。

例えば、フシコは一五歳くらいのとき、毎日午後になると、心に浮かんだことを何でも大声で歌いたいという強い欲求を感じるようになった。それと同時に、彼女は、自分の身体の中に強い風が渦巻いているように感じた。村の長老たちは、シャーマニズムの儀式を行いたいと感じているのだと彼女に告げた。しかし、実際に儀式を行うようになったのは三八歳になってからで、娘がライチシカの湖で溺死した時だった。魚網に巻き込まれた娘の死体を見て、彼女は意識を失い、家に運ばれた。そこで意識を取り戻したが、体が激しく震え始めた。その場にいた人たちは、彼女に初めての儀式を行うのに必要な道具を渡した。しかし、数年後に息子が亡くなるまで、彼女は定期的に儀式を行うようにはならなかった。私が最初に訪れた稚咲内の集落で親しくなった女性シャーマンも、自身の娘が亡くなった時から神事を始めたと言っていた。

アイヌは、シャーマニズム的な素質を精神異常や精神疾患とは考えていない。また、シャーマンを狡猾もしくは神秘的とも考えていない。シャーマンを、神々と取引する特別な能力を持った普通の人間と考えており、そのためシャーマンに相応の敬意を払っている。しかし、個人の社会的地位もしくは経済的地位と、シャーマンとしての地位の間に必然的な関係は全くない。その上、ある程度の経済的利益があっても、シャーマニズムの実践だけでシャーマンに富がもたらされるわけではない。相談者が持ってくる品物は、神々への捧げ物であって、シャーマンへのお布施ではないと考えられている。したがって、捧げ物の量と種類は、シャーマンの能力によるのではなく、相談者の社会経済的地位によって決められる。シャーマンがかなりの額の富を受け取ることができる唯一の機会は、集落の数人の裕福なメンバーの一人が、自分の病いやそれと同等のほかの問題についてシャーマンに相談することに決めたときである。そのような場合、相談者が男性であれば、皮の敷物、靴、茣蓙、木椀、あるいは日本から手に入れた漆器などを、女性であれば、首飾りやアザラシ皮製の靴などを提供することがある。

アイヌによると、常に邪術を行うシャーマンは、他地域のアイヌや他の民族にしか見られないという。[89] 一方、北西海岸の一部のシャーマンは時折、シャーマン自身が知らないうちに、悪霊に憑依されることがある。悪霊は、そうでなければ善良であるシャーマンに取り憑いて悪事を働かせる。邪術の被害者もシャーマンも悪霊に翻弄されており、悪霊は被害が生じて初めてシャーマンに自分がしたことを悟らせる。男性の場合、被害者は鏃や削り掛けとともに血を吐く。女性の場合も血を吐くが、針と削り掛けが含まれている。被害者の親族は、自分たちのシャーマンの精霊に削り掛けと鏃や針を捧げることで復讐することができ、結果的に邪悪なシャーマンがこうした鏃や針によって殺されるように、こうしたものを邪悪なシャーマンに返すと考えられている。犠牲者と邪悪なシャーマンの間には親族関係は皆無である。

悪霊は、予想される被害者のいる場所に移動する際に、鳥に姿を変えていると考えられている。聡明な長老たちは、その結果、常に警戒心を持ち、こうしたトビに似た鳥（*Milvus migrans lineatus* [Gray]）を撃つ。長い爪を持ち、ヤマネコのような赤褐色で金色がかった色をした大きな目をしている。

シャーマンの中には、自らの持つ多数の精霊の中に善い精霊も悪い精霊も含んでいるものがいるため、儀式中にシャーマンの中で善い精霊と悪い精霊の戦いが行われることがある。悪霊が勝った場合、シャーマンは床に倒れる。したがって、このような戦いに勝てるように善霊を助けるのは、観客の中にいる人々の責任である。観客の男性は、叫びながら短刀を左右に振り、女性はシャーマンを浄めるためにトドマツの枝や柳で作られた木幣を振る必要がある。

上述のようにシャーマニズムは、アイヌの非シャーマニズム的な信仰や儀式とは興味深い対比を突き付けている。シャーマニズムの儀式が唯一の個人儀礼であるのに対し、そのほかのアイヌの儀式はすべて団体儀礼であって、クマ送りと同じく、社会的単位（家族の一員としてか共同体の一員として）の参加を必要とする。団体儀礼は夜に行うことは決して許されていないが、シャーマニズムの儀式は囲炉裏の残り火を唯一の明かりとして夜に行わなければならない。他のすべての儀式は屋外で行われるが、シャーマニズムの儀式は、屋内の囲炉裏の側で行われなければならない。団体儀礼では、女性は積極的に参加することを禁じられており、儀礼を執り行うことも決して許されない。さらに、団体儀礼の間の祈りは定型的なものであるが、シャーマニズムの儀式の間の祈りは決まって、シャーマンたちがその場に合わせて作る即興的なものである。最後に、団体儀礼の焦点は主要な神々であるが、シャーマニズムの儀礼で重要なのは、真正な神々ではない精霊コシンプフである。これらの対比について解釈することは本書の範囲を超えているが、アイヌのシャーマニズムは興味深い問題を提示している。それは、第二次世界大戦によって、アイヌの生活の大半とともに、アイヌの宗教儀礼がほとんど打ち砕かれた一方で、アイヌのシャーマニズムの信仰と儀式は今日に至るまでアイヌにとって意味を持ったものであり続けているからである（シャーマニズムの詳細についてはOhnuki-Tierney 1973a、シャーマニズムの解釈についてはOhnuki-Tierney 1973dを参照）。

この本は樺太北西海岸のアイヌの近年の生活に焦点を当てたが、最後に指摘すべきは、どの地方のアイヌの間でもシャーマニズムは過去では非常に重要であったことで、これは知里（一九五三：九〇；一九五五：一一一）や金田一（一九一四：一〇三‐一〇四）が指摘している。また、シャーマニズムは地方差も大きい（詳細はOhnuki-Tierney 1981: 173-175）。

謝辞

まず、友人でありインフォーマントでもあるフシコに感謝の念を表したい。彼女は温かく付き合ってくれただけでなく、忍耐強さも持ち合わせ、アイヌの暮らしを記録するという私の研究目的に対して強い興味を持ってくださった。彼女はアイヌの生き方に誇りを持っており、私に熱心に教えようとしてくれなければ、この仕事は実現しなかったと思われる。また、私のフィールド・コミュニティである北海道の稚咲内と常呂のアイヌの友人たちにも心からお礼を申し上げたい。彼らの友情は、フィールドワーク中だけでなく、その後も私の励みになっている。

私のフィールドワークはアメリカ国立科学財団からの援助を受けており、その支援に感謝したい。樺太庁博物館の元館長である山本利雄教授には厚くお礼を申し上げたい。山本先生の樺太東海岸のアイヌの民族誌研究の質の高さは、着想の源となっている。一九七二年、山本教授は、もともと自著の出版のために用意したイラストと樺太アイヌの様々な工芸品を、日本からウィスコンシン州マディソンに運んで下さった。山本教授はそれらを私に託され、私の著作に使用することを許可してくださった。

ヤン・ヴァンシーナ教授とチェスター・チャード教授には特別に謝意を表したい。教授の専門的な指導と個人的な励ましは、私の人類学キャリアの中での力の源となってきた。さらに、高倉新一郎教授、服部四郎教授、大場利夫教授、渡辺仁教授、米村喜男衛館長、藤本英夫先生など、私のアイヌ研究に貢献してくださった多くの研究者の方々に感謝致します。

この本が青土社から出版出来るようになったのは、ただ一人阪口諒氏のお陰である。突然私の英文で書いた樺太アイヌのエスノグラフィーを訳したいとメールを頂いた時は本当に感激した。日本語訳の仕事を通じて彼が優れた言語学者であること、彼の言語学は社会・文化の広い知識にもとづいていることが解り、いろいろ教えられた。しかも私の樺太アイヌのエスノグラフィーの日本語訳は、彼のアイヌ文化、アイヌの方々への敬意にもとづいていることが解り、若い学者の姿勢に触れる機会でもあった。

大貫恵美子

訳者註

［1］　一八七六年にA・Ia・ラトコフスキー中尉が行った国勢調査においてもウスロ地区（ライチシカ以北）は対象外となっている（Перепись айнов Южного Сахалина 1876 г., проведенная А.Я. Радковским // Исторические чтения. Труды Государственного архива Сахалинской области. 1995［1876］. № 1. С. 6–27.）。

［2］　モンゴルの樺太進出に関してはいくつか議論が展開されている。それらに関しては中村和之「『北からの蒙古襲来』をめぐる諸問題」（菊池俊彦編『北東アジアの歴史と文化』北海道大学出版会、二〇一〇年）など参照。

［3］　松前藩は樺太アイヌに蝦夷錦を供出させたため、サンタン人（大部分が現在のウリチにつながるとされる人びと）に対して負債を抱えていた。そうした債務不履行に陥ったものからサンタン人たちが債務奴隷を連れ去ることがあったという。アイヌに伝わる「山丹人とアイヌの争い」（山本祐弘『北方自然民族民話集成』相模書房、一九六九年、一八八―一八九頁）には、借財のために人質として連れていかれそうになり、東海岸大谷からライチシカに逃げてきた者のことが語られている。ニヴフの「アイヌの娘のたたり」（中村チヨ口述、村崎恭子編、ロバート・アウステリッツ採録・著『ギリヤークの昔話』北海道出版企画センター、一九九二年）という伝承にも、借金の肩代わりにアイヌの娘が連れ去られたことが語られている。こうしたサンタン人による連れ去りは規模ははっきりとしないが、スモリャクによれば、大規模ではなかったという（A・B・スモリャク（灰谷慶三訳）「一九世紀サハリン島のアイヌの同島およびアムール河下流域の原住民との交流」『国立民族学博物館研究報告別冊』五号、一九八七年）。

［4］　サンタン交易の詳細に関しては佐々木史郎『北方から来た交易民 絹と毛皮とサンタン人』（日本放送出版協会、一九九六年）や松浦茂『清朝のアムール政策と少数民族』（京都大学学術出版会、二〇〇六年）参照。

［5］　北西海岸においては、一八〇九年になっても清朝から「カーシンタ」（郷長：満洲語で gašan i da）に任じられ、朝貢を行っている者が三名確認できる（間宮林蔵述・村上貞助編（一八一一年成立）『北夷分界余話』洞富雄・谷澤尚一編注『東韃地方紀行他』平凡社、一九八八年）。

［6］　この時代のロシアと日本の交渉史に関しては秋月俊幸『日露関係とサハリン島―幕末明治初年の領土問題』（筑摩書房、一九九四年）が詳しい。

［7］　サンタン人に対する樺太アイヌの債務は解消されたものの、この後、サンタン人との取引は幕府の認可を受けた商人が自主で行う管理交易に限定され、樺太アイヌは交易の主体から除外された。ただし、幕末期においても幕吏の目の届きにくいウショロ場所（ライチシカからフロオチにかけての地域）付近ではサンタン人との交流が続いていた（東俊佑「幕末のサンタン交易について」『北方の資源をめぐる先住者と移住者の近現代史―北方文化共同研究報告―』北海道開拓記念館、二〇一〇年）。

［8］　T・P・ローン氏による本書のロシア語訳では「ロシア側の資料で確認できない」とあるが（*Онуки-Тирни Э.* Айны северо-западного побережья Южного Сахалина / Пер. с англ. Т.П. Роон // Краеведческий бюллетень. 1996. №. 1. С. 23）、高倉新一郎『アイヌ政策史』（日本評論社、一九四二年）四五〇頁にそう書かれている。

［9］　また、移住先として宗谷を希望していたものの、対雁へ

強制移住させられる。詳細は樺太アイヌ史研究会編『対雁の碑』北海道出版企画センター、一九九二年参照。なお、この移住によって、アニワ湾沿岸のアイヌのアイヌがほとんど移住したことが一八七六年のA・Ya・ラトコフスキー中尉による国勢調査（註一参照）からも確認できる。当初、移住するか否かの決定には三年の猶予があるはずであったが、和人が引揚げるのと同時に、アニワ湾周辺の樺太アイヌ八四一人（宗谷到着時には八四三人、樺太アイヌのおよそ三分の一と推測される）が北海道の宗谷に移住した。翌年の一八七六年には開拓使によって札幌近郊の対雁へ強制的に移住させられた。

[10] 対雁アイヌに関しては樺太アイヌ史研究会編『対雁の碑』が最も詳しい文献である。そのほか、対雁での生活文化を記録したDixon, J. M., The Tsuishikari Ainos, *Transactions of the Asiatic Society of Japan* 11, pp.39–50. がある（日本語訳は北構保男訳「対雁アイヌ人」（同編『アイヌ民族・オホーツク文化関連研究論文翻訳集』北地文化研究会、二一―三二頁）や、拙訳「ツイシカリ・アイノ（対雁アイヌ）」（『千葉大学ユーラシア言語文化論集』第二〇号））。そのほかB・ピウスツキによる帰還した対雁アイヌからの聞き取り（高倉浩樹監修、井上紘一訳編・解説『ブロニスワフ・ピウスツキのサハリン民族誌』東北大学東北アジア研究センター、二〇一八年）四四―四五、二三〇―二三七頁）などがある。

[11] ロシア領となっていた樺太に帰還した際やその後の当事者による証言は山邊安之助著・金田一京助編『あいぬ物語』（博文館、一九一三年）や千徳太郎治『樺太アイヌ叢話』（市光堂、一九二九年）のほか、卜部信臣「樺太アイヌの人たちの追憶」（『(財)北海道北方博物館交流協会会誌 北方博物館交流』第十九号）、高倉浩樹監修、井上紘一訳編・解説『ブロニスワフ・ピウスツキのサハリン民族誌』に見ることが出来る。

[12] 三九五名という数字は北海道庁編『北海道旧土人保護沿革史』（北海道、一九三四年）によるものと思われるが、これには日露戦争前に帰還していた者も含まれている。一八九〇年代からサハリン島への帰還者が続出しており、一九〇六年の時点で北海道内に残っていたのは二一七人と推定されている（樺太アイヌ史研究会編『対雁の碑』二五〇頁）。

[13] これに関しては田村将人「樺太アイヌの〈引揚げ〉」（蘭信三編著『日本帝国をめぐる人口移動の国際社会学』不二出版、二〇〇八年）が詳しい。

[14] 一九四五年以降の北海道への移住に関する当事者の証言は藤村久和・若月亨編『ヘンケとアハチ―聞き書き樺太での暮らし、そして引き揚げ』（札幌テレビ放送、一九九四年）や安部洋子著、橋田欣典編『オホーツクの灯り―樺太、先祖からの村に生まれて』（クルーズ、二〇一五年）参照。戦後の樺太アイヌの「引揚げ」に関しては田村将人「樺太アイヌの〈引揚げ〉」参照。

[15] エシトゥリ（恵須取）の北のナヤシ（名好）サハコタン（西柵丹）ポロコタンではニヴフとアイヌが混住しており、これらの集落のアイヌの中にはニヴフと同じく辮髪をしている者もいたという（*Мицуль М.С.* Очерк острова Сахалина в сельскохозяйственном отношении. СПб., 1873. С. 129）。

[16] 最北のアイヌ集落であるポロコタンはアイヌと混血したニヴフが多く、サンタ、ロシア人も多かったという（服部四郎「カラフト西海岸北部地名の共時論的研究」佐々木弘太郎『樺太アイヌ地名小辞典』みやま書房、一九六九年、三九頁）。

[17] アイヌとニヴフの間に認められる文化的平行現象に関してはチュウネル・M・タクサミ「アイヌとニヴフの文化に見ら

れる若干の平行現象について」(『国立民族学博物館調査報告』八二号、二〇〇九年)が扱っている。

[18] 一八六〇年には、ウショロ場所(ライチシカ〜フロオチに至る範囲)は越前大野藩の「領分同様」の地となり、一八六九年に引き揚げるまで、アイヌの「撫育」と警衛等を担った(東俊佑「幕末期北蝦夷地における大野藩のウショロ場所経営」『北海道開拓記念館研究紀要』第三五号、二〇〇七年)。これに伴って北西海岸のアイヌの状況を知るうえで重要な経営帳簿『北蝦夷地用』が作成されている(東俊佑「土人給料勘定」のしくみ(I〜III)—北蝦夷地ウショロ場所経営帳簿『北蝦夷地用』の分析—」『北海道博物館研究紀要』三—五号に掲載)。

[19] 近年、ライチシカで収集された漆器に関する分析も行われている(谷本晃久「近世・近代のサハリン南部の歴史と漆器—西海岸ライチシカ:来知志を中心に—」(浅倉有子編『アイヌの漆器に関する学際的研究』北海道出版企画センター、二〇一九年)五七—七一頁)。

[20] この数字はAtlas Sahalinskoi oblasti, p. 9によるものでー九六七年時点の人口だというが、信憑性は明らかではない。

[21] 一九四六年八月一日から十三日まで、ジェレプツォフとN・Ia・ヤコヴレフが樺太アイヌの人口調査を行い、その結果一二の集落に一一五九人が居住していることを確認している(*Жеребцов,Б. А.* Материальная и духовная культура сахалинских айнов. Южно-Сахалинск, 2012. С. 39)。アイヌ集落として名を馳せていたライチシカ(来知志)でもほとんどのアイヌは「引揚げ」たという(同書C. 174)。しかし一九四八年までの間に樺太アイヌのほとんどが日本に渡ったという。その理由としては、生活が日本化していたこと(教育、結婚、仕事など)、出征した家族との再会を求めたこと、また社会主義体制を嫌悪していたことなどが挙げられる(田村将人「樺太アイヌの〈引揚げ〉」)。

[22] シュレンクやドブロトヴォルスキーは、樺太アイヌがトリカブトを使っていたと報告している(*Шренк Л. И.* Об инородцах Амурского края Первая половина: главные условия и явления внешнего быта Т. 2. СПб., 1899 С. 263; *Добротворский М. М.* 1875. Аинско-русский словарь. Казань, 1875. Приложения, С. 72)。

[23] 黒曜石の鏃(アスマラ・アイ *asumara ay*)と燧石の鏃(ルルピシ・アイ *rurupis ay*)は金属製の鏃より強く、どんな化け物でも殺すことができるという(Ohnuki-Tierney, Emiko, *Sakhalin Ainu Folklore*, Washington, D.C.: American Anthropological Association, 1969, p. 85)(以下の引用では*Sakhalin Ainu Folklore*と略す)。

[24] シュレンクは、アイヌの鍛冶技術が衰退した後は、ニヴフとの物々交換を通じて槍を手に入れていたと報告している(*Шренк Л. И.* Об инородцах Амурского края Первая половина: главные условия и явления внешнего быта Т. 2. СПб., 1899. С. 262)。

[25] 知里真志保『分類アイヌ語辞典』日本常民文化研究所、一九五四年にあるケイチマ *key-chima*「頭のかさぶた」(一〇一頁)「白癬」(二一一頁)と同じものと思われる。

[26] こうした言葉遣いに関しては知里真志保「アイヌ語の特殊語について」(『北方文化研究報告』第一二輯)が詳しく扱っている。

[27] *Sakhalin Ainu Folklore* 第二一話参照。

[28] *Sakhalin Ainu Folklore*: 第一八話参照。

[29] 北海道アイヌに関してはジョン・バチェラー(安田一郎

訳）『アイヌの伝承と民俗』（青土社、一九九五年）三九二頁、千島アイヌに関しては鳥居龍蔵（小林知生訳）「考古学民族学研究・千島アイヌ」（『鳥居龍蔵全集』五、朝日新聞社、一九七六年）四七四—四七五頁参照。

[30] *Sakhalin Ainu Folklore* 第一〇話参照。

[31] 服部四郎「カラフト西海岸北部地名の共時論的研究」に記載されている泊居郡のノトロか。トンコナイは未詳。

[32] なおこのタイプの話は「エイ女房」譚として広く知られている（田畑博子「『エイ女房』譚の構造」野村純一編『昔話伝説研究の展開』三弥井書店、一九九五年、一一九—一三五頁）。

[33] 食べ過ぎて息苦しいさまを「カジカのように」と表現している例が記録されている（村崎恭子著、丹菊逸治編『藤山ハル口述 樺太アイヌ語例文集』二、北海道大学アイヌ・先住民研究センター、二〇一六年、五〇頁）。

[34] *Sakhalin Ainu Folklore* 第一五話参照。

[35] 樺太アイヌの間では農業をするのは禁忌であるとも語られている（北海道開拓記念館編『民族調査報告書 資料編一』北海道開拓記念館、一九七三年、安斎正人、広松渉、渡辺仁「人類史の可能性」『現代思想』一八巻一二号、六一頁）。

[36] エゾエンゴサクの塊茎（トマ）は洗ってから首飾りのように糸を通して干し、保存しておいて冬の食料の材料とした（萩中美枝ほか『聞き書アイヌの食事（日本の食生活全集四八）』農山漁村文化協会、一九九二年、一四五頁）。『聞き書アイヌの食事』の樺太の食事に関しては萩中美枝『アイヌ文化への招待』（三弥生書店、二〇〇七年）に再録されているが、写真は割愛されている。

[37] 服部四郎「カラフト西海岸北部地名の共時論的研究」にはこの場所はポロシタイ（ウン）*poro sitay ('un)* とある。俗にハハタウシ *hahta'usi* と呼ばれ、ウソロ（鵜城）やエストリ（恵須取）あたりからハハ *hah*（クロユリの鱗茎）を採りに行く。

[38] 原文は chervil。シャク（コジャク）のことだと思われる。知里真志保『分類アイヌ語辞典 植物篇』（日本常民文化研究所、一九五三年）（以下、『知里植物篇』と略す）によると、北海道美幌では、比較的較的若い葉を陰干しにし、月経やその他の時に散らし紙としてコジャクを用いたという（六一頁）。

[39] 原文は Rosaceae plants で、ハマナシ（ハマナス）と思われる。『知里植物篇』一二三頁にはローチ「削り掛け」を温湿布にしたとある（樺太東海岸白浦の情報）。

[40] 原文は Indian plantain。ヨブスマソウのことか。ヨブスマソウは、ラッパのように吹き鳴らすものなので、そのことを指しているのだと思われる。茎の枯れたものを1m以上の長さに切り、先端の細い方を直角に切って、そこを咥えて筒の中の空気を吸って鳴らすという（『知里植物篇』一三頁、更科源蔵・更科光『コタン生物記』青土社、二〇二〇年、二三七—二三八頁）。

[41] 樺太アイヌの鍛冶については天野哲也「サハリンアイヌとニヴフの鍛冶—『北夷分界余話』をもとに—」（『古代の海洋民オホーツク人の世界—アイヌ文化をさかのぼる—』雄山閣、二〇〇八年）三八二—三九五頁にまとめられている。また、鍛冶の起源に関しては *Sakhalin Ainu Folklore* 第一四話参照。

[42] 樺太アイヌの土器の使用に関しては海保嶺夫「近世樺太における鉄器の流通形態—在地的土器文化の消滅によせて」（同『日本北方史の論理』雄山閣出版、一九七四年）二四四—二五四頁参照。土器（と木椀）の起源説話もいくつか残されている（鈴木重尚著、松浦弘評註『唐太日記』（松浦武四郎著、

正宗敦夫編纂校訂『多氣志樓蝦夷日誌集』日本古典全集刊行会、一九三七年）七一五頁、鳥居龍蔵「考古学民族学研究・千島アイヌ」四三七―四三八頁）。

[43] 土産物としての木彫りグマに関しては齋藤玲子「木彫り熊と土産」（手塚薫、出利葉浩司編著『アイヌ文化と森〜人々と森の関わり〜』風土デザイン研究所、二〇一八年）参照。八雲の木彫りグマは、大正時代に徳川義親がスイスから持ち帰った木彫りグマをモデルに、徳川農場における農閑期の副業として制作を指導したことに由来する。クマの彫刻はアイヌの伝統ではなかったが（儀礼に用いるものにはクマの彫刻が見られることもある）、旭川のアイヌもそれに刺激を受け、木彫りグマが広く制作されるようになった。そして、旭川のアイヌから北海道全域のアイヌへと広まっていったと言われる。

[44] 樺太アイヌの犬ゾリに関しては、北原次郎太「樺太アイヌのヌソ（犬ぞり）」（大石高典、近藤祉秋、池田光穂編『犬からみた人類史』勉誠出版、二〇一九年）が図を使いながら犬ゾリの構造や使用法などを分かりやすくまとめている。博物館収蔵の犬ゾリ関係資料に関しては、荻原眞子、古原敏弘「アイヌの犬橇関係資料概要―ロシアの博物館所蔵品について」（『北海道立アイヌ民族文化研究センター研究紀要』第一八号、二〇一二年）参照。

[45] イヌの去勢などについては大塚和義「アイヌの動物飼育」（『季刊どるめん』第一四号、一九七七年）参照。

[46] この料理の作り方などは萩中美枝ほか『聞き書アイヌの食事（日本の食生活全集四八）』に写真入りで解説されている（萩中美枝『アイヌ文化への招待』三弥生書店、二〇〇七年に再録されているが写真は割愛されている）。

[47] 前注参照。

[48] アイヌ語ではエケマサハク イワン コタン カーアマ ケマ コロクフ オハチルンタ ヘマタ?· *ekemasahku iwan kotan ka:ama kemakorokuh ohačirunta hemata?* という（*Sakhalin Ainu Folklore*, p. 445）。このなぞなぞの意味は「足のないものが、六つの村を超える。足のあるものが留守の間に、ってなんだ?·」ではないかと思われる。樺太アイヌのなぞなぞは *Sakhalin Ainu Folklore*, pp. 178-179、村崎恭子著、丹菊逸治編『藤山ハル口述 樺太アイヌ語例文集』二、二四―二九頁にいくつか例がある。

[49] 北西海岸の口琴は引き棒が長いタイプのもので、ほかの地域のものとは形が異なるようである（篠原智花、丹菊逸治「サハリンの口琴再考」『itahcara』第六号）。

[50] 『ユーカラ集』は九巻（八巻と九巻は金田一京助筆録のもの）まで刊行された。一九七九年以降は北海道教育委員会から『アイヌ民俗文化財 ユーカラシリーズ』として刊行され、二〇二〇年現在六六冊公刊されている。

[51] 樺太アイヌのオイナに関して、散文で語られたものが *Sakhalin Ainu Folklore* 第一話〜第七話にまとまっているほか、知里真志保「樺太アイヌの神謡」（『北方文化研究報告』第八輯、一九五三年）一八五―二四〇頁、村崎恭子『樺太アイヌ語口承資料（一）』（北海道大学言語文化部、一九八九年）などにも収録されている。萩中美枝「アイヌの口承文芸オイナ」（同『アイヌ文化への招待』三弥井書店、二〇〇七年）も樺太アイヌのオイナを扱っている。

[52] こうした言葉遣いに関して服部四郎「アイヌ語における年長者層特殊語」（『民族学研究』二一巻三号、一九五七年）が詳しく報告している。

[53] アイヌの物語ではたいていの場合、語り手ではなく、叙述者の視点から起こった出来事が語られる、いわゆる一人称叙

述を取る（自叙体）。こうした叙述者の人称表現に関しては中川裕「アイヌの物語文学における人称表現」（『口承文芸研究』第三四号、二〇一一年）が詳しい。

[54] ハウキの完全なテキストとしては金田一京助『北蝦夷古謡遺篇』（甲寅叢書刊行所、一九一四年）がある。そのほかピウスツキによる英訳テキストが公刊されている（Pilsudski, Bronislas, Ainu Folk-Lore, *The Journal of American Folklore* 25, no. 95, pp. 72-86. 12. A Poem）。

[55] ウチャシクマのまとまった資料集としてはPilsudski, Błonislaw. *Materials for the Study of the Ainu Language and Folklore* (Cracow, 1912) があり、その訳註が知里真志保「樺太アイヌの説話（一）」（『知里真志保著作集』第一巻、平凡社、一九七三年、二五一―三七二頁）、北海道ウタリ協会札幌支部アイヌ語勉強会訳「B・ピウスツキ／樺太アイヌの言語と民話についての研究資料〈一～三〇〉」『創造の世界』四六―八四号、一九八三―一九九二年で公刊されている。

[56] *Sakhalin Ainu Folklore* 第一一、一二話のほか、村崎恭子編訳『浅井タケ口述 樺太アイヌの昔話』（草風館、二〇〇一年）、*Пилсудский Б.* Фольклор Сахалинских Айнов. (Южно-Сахалинск, 2002) が数多くのトゥイタハを収録している。トゥイタハの形式的な側面、特にそれに特徴的な挿入歌に関しては丹菊逸治「サハリンアイヌの散文説話tuytahについて」（『口承文芸研究』第二四号、二〇〇一年）三七―四八頁が詳しく扱っている。

[57] これとほとんど同様の「五弦琴（トンコリ）の化物」という物語が宗谷でも記録されており樺太との関係の深さが伺える（更科源蔵『アイヌ民話集（更科源蔵アイヌ関係著作集二）』一九八一年、みやま書房）。

[58] チャハカはニヴフが使用するものと同型のもので、アムチャハカはウイルタと同型のものと思われる。北東アジアのゆりかごの類型に関しては加藤九祚『北東アジア民族学史の研究 江戸時代日本人の観察記録を中心として』（恒文社、一九八六年）二八三―二八七頁参照。

[59] アイヌとウイルタの戦いに関しては*Sakhalin Ainu Folklore* 第二章六節のほか、北海道ウタリ協会札幌支部アイヌ語勉強会訳「B・ピウスツキ／樺太アイヌの言語と民話についての研究資料〈六〉」（『創造の世界』第五一号、一九八四年）が類話を含めて詳細に検討している。

[60] 北海道開拓記念館編『民族調査報告書 資料編一』四―九頁にも北西海岸の葬式のことが記述されている。

[61] 同様の物語が、山本祐弘『北方自然民族民話集成』（相模書房、一九六八年）「オロッコと来知志アイヌ」、村崎恭子『カラフトアイヌ語』（国書刊行会、一九七六年）（以下、『カラフトアイヌ語』と略する）昔話三として掲載されている。その分析は*Sakhalin Ainu Folklore* 第二三話の解説を参照。

[62] 首長のための葬式に関する研究として海保嶺夫「文献史料よりみたる樺太アイヌのミイラ作製について」（『日本北方史の論理』雄山閣出版、一九七四年）、スチュアート・ヘンリ「アリュート族のミイラ風習―樺太アイヌのミイラと比較して」（『北海道考古学』第二三輯、一九八七年）（以上二論文は日本ミイラ研究グループ編『日本・中国ミイラ信仰の研究』平凡社、一九九三年に再録）のほか、女鹿潤哉「ウフイ考―樺太アイヌのMummificationについての一考察―」（『北海道考古学』第三二輯、一九九六年）がある。

[63] 例えば、北西海岸におけるあの世の訪問に関する物語としては「あの世への岩穴」（更科源蔵『アイヌ民話集』五三頁）がある。

［64］　一八五〇年代の古地図・古記録を用いた分析においても、サハリン島のアイヌの集落は、南西海岸にある大集落を除けば、家数五軒以下の小規模な村が多く、一軒のみの場合も少なくないという（関根達人「一八五〇年代のカラフト島の先住民族と国家」『中近世の蝦夷地と北方交易―アイヌ文化と内国化』吉川弘文館、二〇一四年）。

［65］　ライチシカの本流トークンナイ *To:kunnay*（和人はライチシカ川と呼んだ）の支流がシリパンクシナイ *Siripankusnay* である（*Sakhalin Ainu Folklore*, p. 173）。

［66］　ポーランド人民族学者のブロニスワフ・ピウスツキが記録した「父祖伝来の川」に関する資料については田村将人「二〇世紀初めに記録された樺太アイヌの「父祖伝来の川」について」（中川裕先生還暦記念論文集刊行委員会編『ひろがる北方研究の地平線 中川裕先生還暦記念論文集』サッポロ堂書店、二〇一七年）を参照。

［67］　一八九〇年代にサハリン島にいたシュテルンベルクはニセンドゥシ［ニセンルシ］という名の男性が権威を持っており、実質的に西海岸全体の長であるだけでなく、カムイと同じように扱われていたと記している（Sternberg, Leo, The Ainu Problem, *Anthropos* Bd 24, p. 790., *Штернберг Л. Я.* Гиляки, орочи, гольды, негидальцы, айны: статьи и материалы. Хабаровск. С. 548）。

［68］　アイヌ同士の戦いとしては、多来加と浅瀬遠内のアイヌが戦ったという「多来加戦争」（北海道教育庁社会教育部文化課編『昭和五六年度ウィルタ民俗文化財緊急調査報告書（五）川村秀弥採録 カラフト諸民族の言語と民俗』北海道教育委員会、一九八三年、五六頁）や、かつて内淵において行われた多来加のアイヌと内淵と松前のアイヌの間の戦い（*Добротворский М. М.* 1875. Аинско-русский словарь. Казань, 1875. Приложения, С. 86）が記録されている。

［69］　註五九、六一参照。

［70］　大貫恵美子「南樺太北西海岸のアイヌの生活」（知里真志保・山本祐弘・大貫恵美子『樺太自然民族の生活』相模書房、一九七九年）一〇〇頁に、誤って首長を殺してしまった若者に死刑の判決が下されたものの、被害者と遠縁関係があることが分かり、宝物を遺族に納めるだけで済んだという逸話が掲載されている。

［71］　クマ祭文化的複合体は渡辺仁氏が提唱したもので、子グマ飼育型クマ祭がアイヌ文化の中核となっており、アイヌ文化の種々の要素はそれと一体となって機能しているというモデル（渡辺仁「アイヌ文化の成立」『考古学雑誌』第五八巻、一九七二年）。

［72］　クマ送りに関してはピウスツキによる詳細な報告がある（ピウスツキ「樺太アイヌの熊祭りにて」高倉浩樹監修、井上紘一訳編・解説『ブロニスワフ・ピウスツキのサハリン民族誌』）。

［73］　様々な場合に行われるイヌの供儀に関しては、田村将人「（覚え書）樺太アイヌにおけるイヌの「供犠」」（『千葉大学ユーラシア言語文化論集』第四号、二〇〇一年）参照。

［74］　*Sakhalin Ainu Folklore* 第一七話参照。

［75］　マンローの映像資料は国立歴史民俗博物館が所蔵しており、その研究成果として「AINU Past and Present―マンローのフィルムから見えてくるもの―」（製作・著作：国立歴史民俗博物館／製作協力 東京シネマ新社）というビデオ作品がまとめられている。そのほか、国立歴史民俗博物館監修・内田順子編『映し出されたアイヌ文化 英国人医師マンローの伝えた映像』（吉川弘文館、二〇二〇年）が出版されている。

[76] 名好郡恵須取村にある地名だが、日本語名はない（服部四郎「カラフト西海岸北部地名の共時論的研究」三八頁）。

[77] *Sakhalin Ainu Folklore* 第十九話参照。

[78] 例えば、Sakhalin Ainu *Folklore* 第二〇話。服部四郎「カラフト西海岸北部地名の共時論的研究」三七頁にも同様の物語が記録されている。

[79] マチャハチはテンキグサ（ハマニンニク）のこと。乾燥させた茎からムフクン（口琴）も作られる。更科源蔵・更科光『コタン生物記』二四〇頁にマチャハチ・ムフクンを演奏する様子が掲載されている。

[80] *Sakhalin Ainu Folklore* 第一三話、『カラフトアイヌ語』昔話七、八話のほか、更科源蔵氏が採録したもの（更科源蔵・更科光『コタン生物記』九四―九五頁／更科源蔵『アイヌ民話集』九三―九四頁））や、田村すず子氏採録のもの（北原次郎太、田村雅史、田村将人、丹菊逸治、田村すず子編『アイヌ語樺太・名寄・釧路方言の資料―田村すず子採録 藤山ハルさん・山田ハヨさん・北風磯吉さん・徹辺重次郎さんの口頭文芸・語彙・民族誌』（「環太平洋の言語」成果報告書A2-039）大阪学院大学情報学部、二〇〇三年、言い伝え五）がある。

[81] 原文はwormsとあるが他の著作からルロヤウとした。ルロヤウは蛇のような形をした脚の多い海の虫で、粉々になるので踏むのはタブーとなっている（Ohnuki-Tierney, Emiko, The Shamanism of the Ainu of the Northwest Coast of Southern Sakhalin, *Ethnology* 12, no. 1 (1973), pp. 15-29）。

[82] ホロケシ *Horokes*（幌岸）と語られたものもある（『カラフトアイヌ語』二三頁、Ohnuki-Tierney, Emiko, "Spatial Concepts of the Ainu of the Northwest Coast of Southern Sakhalin," *American Anthropologist* 74, no. 3 (1972), p. 443.）

[83] 服部四郎「カラフト西海岸北部地名の共時論的研究」三四頁の鵜城郡鵜城村の地名の中にカムイ・インタラは「《神・段々ばしご》龍神さまがのぼった跡なので岩が段々になっている」とある。

[84] 『カラフトアイヌ語』昔話四、北海道開拓記念館編『民族調査報告書　資料編一』（北海道開拓記念館、一九七三年）一四頁に同じ伝説が掲載されている。

[85] この物語はたくさんの別テイクがあり、*Sakhalin Ainu Folklore* 第一話のほか、村崎恭子編『樺太アイヌの民話（ウチャシクマ）―ウェネカイペ物語三篇―』（東京外国語大学アジア・アフリカ言語文化研究所、二〇一〇年）に収録されている。

[86] エルム・オヤシ *erumu oyasi*（ネズミの化物）に関しては、*Sakhalin Ainu Folklore* 第一二話、『カラフトアイヌ語』昔話七参照。

[87] イテセニー・オヤシ *iteseni: oyasi*（茣蓙織機の化物）に関してはSakhalin Ainu Folklore 第八話参照。

[88] *Добротворский М. М.* 1875. Аинско-русский словарь. Казань, 1875. Приложения, С. 63

[89] 山本祐弘『北方自然民族民話集成』（相模書房、一九六八年）の「タライカ人がアイヌにいどむ話」（来知志アイヌ山本吉太郎口述）参照。そこではタライカの「オヤクシサン」がでてくるが、直接ウェンコタン（落帆の近く）を襲撃するのは、タライカ人に頼まれた海の神様と山の神様である。

本書に出てくる主な地名

アイヌ語	日本領時代の地名	現在のロシア語地名
ポロ・コタン（Poro Kotan）	(幌渓／鰭尾)	Pil'vo (Пильво)
北緯 50 度		
フロオチ（Hurooči）	幌千《ほろち》	Porech'e (Поречье)
サハコタン（Sahkotan）	西柵丹《にしさくたん》	Boshniakovo (Бошняково)
ノタサム（Notasam）	北名好《きたなよし》	Lesogorskoe (Лесогорское)
トオロ（Tooro）	塔路《とうろ》	Shakhtersk (Шахтёрск)
エシトゥリ（Esituri）	恵須取《えすとる》	Uglegorsk (Углегорск)
ウシトモナイポ（Ustomonaypo）	鵜城《うしろ》	Orlovo (Орлово)
ライチシカ（Rayčiska）	来知志《らいちし》	Krasnogorsk (Красногорск)
クスンナイ（Kusunnay）	久春内《くしゅんない》	Il'inskoe (Ильинское)
チライ（Čiray）	智来《ちらい》	Staromaiachnoe (Старомаячное)
タラントマリ（Tarantomari）	多蘭泊《たらんとまり》	Kalinino (Калинино)
マーヌイ（Ma:nuy）	真縫《まぬい》	Arsent'evka (Арсентьевка)

訳者あとがき

本書は、Ohnuki-Tierney, Emiko. *The Ainu of the Northwest Coast of Southern Sakhalin.* (New York: Holt, Rinehart & Winston, 1974. Reprinted in 1984 by Waveland Press.)（以下、原著）の日本語訳である。翻訳に当たっては一九七四年刊行のものを底本とした。研究の進展その他により、現時点で必要とは判断しなかった第一章の前半を、著者の了解のもと削除したことをお断りしたい。原著の出版からすでに三十六年の月日が流れているが、英語で書かれた樺太アイヌの民族誌を日本語に訳することの意味の一つには、この著書が非常に価値の高いものであるのに比して、日本ではそれほど参照されていないことがある。また、樺太アイヌの生活文化に関して、聞き取りによってこれほど広い範囲を対象として一冊にまとまったものはほとんどないことが挙げられる。

著者の大貫恵美子先生は現在、ウィスコンシン大学マディソン校人類学部ウィリアム・F・ヴァイラス教授（William F. Vilas Research Professor）である。大貫先生は日本で生まれ育ち、大学卒業後にアメリカへ渡って研究生活に入ったのち、一九六五年から本書が出る一九七四年時点までで九年に渡り樺太アイヌ文化の研究を行っている（関連する大貫先生の著作は本書の引用・主要参考文献を欄を参照）。いずれの研究も主として樺太北西海岸出身の頭脳明晰な伝承者であった藤山ハルさん（フシコ）からの聞き取りに基づいたもので、一人の文化の担い手の認知構造全体を深く研究しているという点で特徴的である。

本書は、樺太アイヌの世界観を深く掘り下げた一九六八年の“A Northwest Coast Sakhalin Ainu World View”(Ph.D. diss., Department of Anthropology, University of Wisconsin, Madison, 1968)、詳細な註が付された原文対訳の樺太アイヌ民話集である一九六九年の *Sakhalin Ainu Folklore*. (Washington, D.C.: American Anthropological Association, 1969) に続く一冊である。大貫先生の研究の最初期にはアイヌの空間観念や時間観念も手掛けられており、本書にもそれが反映されている。一九七九年には、知里真志保氏、山本祐弘氏との共著で『樺太自然民族の生活』(相模書房、一九七九年)を出版している。この中の「南樺太北西海岸のアイヌの生活」を読んだことのある日本の読者も多いかもしれない。一九八一年には、樺太アイヌの頭痛・できものの分類と時間・空間の観念との関連や、病いの治療法の象徴的な側面などを分析した *Illness and Healing among the Sakhalin Ainu: A Symbolic Interpretation*. (Cambridge University Press, 1981) を著している。

その後は、京阪神地域を中心に日本人の健康観、病気観を分析した『日本人の病気観』(岩波書店、一九八五年)を皮切りに、日本文化へと迫っていく研究を進める。これ以降の大貫先生の理論的な研究に関しては、訳者の力量を超えているためここでは触れないが、日本においても『ねじ曲げられた桜——美意識と軍国主義』(岩波書店、二〇〇三年)『学徒兵の精神誌』(岩波書店、二〇〇六年)『人殺しの花——政治空間における象徴的コミュニケーションの不透明性』(岩波書店、二〇二〇年)など数々の著作が上梓されている。

本書は、大貫先生の日本文化研究に関する著作と異なり日本語版は出版されていなかったためか、日本ではそれほど参照されていない。しかし、欧米やロシアの研究ではかなり参照されているようである。

例えば、ドイツのノルベルト・R・アダミ氏による『樺太アイヌの宗教とシャーマニズム―北東アジアの歴史民族学への貢献』では、多言語による数々の資料が参照されているが、とりわけ本書をはじめとした大貫先生の著作が参照されている（Adami, Norbert R. *Religion und Schamanismus der Ainu auf Sachalin: ein Beitrag zur historischen Völkerkunde Nordostasiens* (München: Iudicium, 1991)）。一九九六年にはタチヤナ・P・ローン（Т. П. Роон）氏によってロシア語訳がなされ、『郷土誌ビュレティン』一～四号に掲載されているが（*Онуки-Тирни* Э. Айны северо-западного побережья Южного Сахалина / Пер. с англ. и примеч. Т. П. Роон // Общество изучения Сахалина и Курильских островов. Краеведческий бюллетень. Южно-Сахалинск, 1996. No. 1. С. 3–33; No. 2. С. 57–105; No. 3. С. 89–127; No. 4. С. 35–77）、このロシア語訳を通して、ロシアで公刊されているアイヌ文化研究に影響を与えているようである。二〇〇八年にサハリン・クリル史の教科書として出版されたM・S・ヴィソーコフ責任編集『古代から二十一世紀初頭までのサハリン・クリル諸島の歴史』（ユジノ・サハリンスク、二〇〇八年）に収録の、マリーナ・イシチェンコ氏による第二十一章「先住民アイヌ」では、本書のロシア語版が引用されているとともに、章全体の記述の下敷きとなっている（*Ищенко М. И.* Коренное население: айны // История Сахалина и Курильских островов с древнейших времен до начала XXI столетия / отв. ред. М. С. Высоков. Южно-Сахалинск, 2008. С. 610-630.［http://www.archaeologysakhalin.ru/］）。

　アイヌに関する文献は、日本語にとどまらず、数多くの言語で出版されているが、その多くは、（特定の地域集団に関するものではなく）一般的なアイヌの記述であるか、北海道アイヌ（その多くは沙流川流域での記録に基づく）についての記述である。樺太アイヌの文化に関しては、北海道との差異などを補足的に記述したものは多いが、中心に据えてまとめたものは限られている。二〇二〇年には、白瀬南極探検隊に加わった二人の樺太アイヌ山邊安之助と花守新吉の足跡を追った佐藤忠悦『南極に立った樺太アイヌ—白瀬南極探検隊秘話』(東洋書店ユーラシア・ブックレット、二〇〇四年)の増補新版が青土社から出ている。樺太アイヌの近代を考えるうえでは欠かせない一冊ではあるが、樺太アイヌの文化を知るための入門書というものではない。

そこで、訳者は本書の日本語訳を思い立ち、大貫先生にメールで翻訳したい由を伝えたところ、御快諾いただいたので、本書の翻訳を進めることにした。本書の日本語訳を行うにあたっては、日本に暮らす読者にとっては、日本語で読める関連文献が指摘されている方が便利だと考え、煩雑にならない程度に関連文献などを注釈に記しておいた。別の機会に語られた物語や類話(特に日本語で読めるもの)などの情報、ロシア語文献による情報も可能な範囲で加えてある。なお、この日本語版は原著の翻訳であり、英語版出版以降の理論的な分析の進展は加えられていない。そうした点に関して知りたい方は大貫先生の数々の著作を読んでいただければ幸いである。

以下では、原著出版以降に公刊された資料を含め、樺太アイヌ、特に北西海岸における調査に関して簡単に触れておきたい(以下、故人に関しては敬称を省略させていただく)。サハリン島は一九世紀ころから、日露抗争の舞台となり、それに伴い、樺太アイヌに関する記述も増えてくる。民族学の観点から重要だと思われるものとして、まず間宮林蔵の一九世紀初頭の調査の報告書『北夷分界余話』(一八一一年成立)や『北蝦夷図説』(一八五五年成立)がある(間宮林蔵述・村上貞助編「北夷分界余話」洞富雄・矢澤尚一編注『東韃地方紀行他(東洋文庫四八四)』平凡社、一九八八年が入手しやすい)。間宮林蔵による報告はシーボルトによるドイツ語訳を通じて海外に知られ、一八五〇年代にアムール川流域やサハリン島北部を中心に調査をしたL・I・シュレンクの調査でもたびたび参照されている（*Шренк Л. И.* Об инородцах Амурского края. СПб., 1883. Т. 1; 1899. Т. 2; 1903. Т. 3）。また、ドブロトヴォルスキー『アイヌ語ロシア語辞典』（*Добротворский М. М.* Аинско русский словарь. Казань, 1875）も重要な資料である。ロシアの軍医であったドブロトヴォルスキーは、一八六七年〜一九七二年の五年間サハリン島に滞在し、医師として樺太アイヌの人々と親しく付き合い、その言語・文化を記録したが、信仰や医療に関わる貴重な記述も残している。多くはクスンナイ（久春内）周辺の情報であり、北西海岸に関する記述はあまり多くないものの、当時のアイヌの文化や歴史を知るうえで重要な資料となる。二〇二〇年には寺田吉孝氏と安田節彦氏による翻訳が完成している（北海学園学術情報リポジトリ [http://hokuga.hgu.jp/dspace/] で翻訳の大半がダウンロード可能である）。

一八五九（安政五）年には、越前大野藩が幕府から漁場開設の許可を得て、北西海岸のウショロ（鵜城）に会所を設置し、ロシアの進出に対抗してアイヌの「撫育」を強化する。最近では、この時に作成された北蝦夷地ウショロ場所経営帳簿『北蝦夷地用』をもとに、アイヌ雇用システムの実態を解明する研究が発表されており、この地域の歴史や社会を研究する上での環境も整いつつある（東俊佑「『土人給料勘定』のしくみ（I—III）—北蝦夷地ウショロ場所経営帳簿『北蝦夷地用』の分析」（『北海道博物館研究紀要』第三—五号、二〇一八—二〇二〇年）。こうした史料もアイヌ社会が外部の影響に対してどう対処したか、ということを探るうえで重要なものだと思われる。

一九七五年の樺太千島交換条約によりサハリン全島がロシア領となるが、ロシア領時代にはブロニスワフ・ピウスツキ（Blonisław Piłsudski）が樺太アイヌの言語文化について本格的な研究を行っている。特に個々の集落について記述した論文では北西海岸に関する情報も掲載されている（ピウスツキ、ブロニスワフ「樺太島の個別アイヌ村落に関する若干の情報」高倉浩樹監修、井上紘一訳編・解説『ブロニスワフ・ピウスツキのサハリン民族誌（東北アジア研究センター叢書六三）』東北大学東北アジア研究センター、二〇一八年［http://hdl.handle.net/10097/00123171］）。その後、サハリン島南部が日本領樺太になってからは日本の研究者による記述が中心となる。戦前においては東海岸がその中心であり、北西海岸の樺太アイヌがサハリン島に暮らしていた時に行われた調査は少ない。葛西猛千代『樺太土人研究資料』（私家版、一九七五［一九二八］年）や『鵜城出張所管内土人調査書』編著者、発行所不明、一九三一（？）年）にも貴重な記述が掲載されているが、非常に部数が限定されている。そのほかには、東海岸内淵に暮らしていた樺太アイヌ（対雁アイヌ）の千徳太郎治が、貴重な情報の詰まった『樺太アイヌ叢話』（市光堂、一九二九年）［国立国会図書館デジタルアーカイブ info:ndljp/pid/1449728］を刊行している。近年知られるようになった人類学者の石田収蔵も、戦前に樺太西海岸南部や東海岸において樺太アイヌの民族調査を行っているが、自らが調査結果をまとめることなく志半ばで亡くなってしまう。のちに発見された石田収蔵のフィールドノートや写真、収集品などをもとに展覧会が開催され、『石田収蔵―謎の人類学者の生涯と板橋』（板橋区立郷土資料館、二〇〇〇年）や『樺太アイヌ民族誌―工芸に見る技と匠―』（アイヌ文化振興・研究推進機構、二〇〇四年）など図版とともに優れた論考を収めた図録が刊行されている。知里真志保と山本利雄（祐弘）も東海岸白浜を中心に調査を行い、狩猟・漁撈や植物採集を中心にまとめた「樺太アイヌの生活」（知里真志保『知里真志保著作集 第三巻』平凡社、一九七三年所収）を残している。これは『樺太アイヌの生活』と題した本の一部であったが、一九四四年に戦火によって消失してしまい、この部分しか残されていない。住居や民具に関しては山本祐弘（知里真志保協力）『樺太アイヌ 住居と民具』（相模書店、一九七〇年）にまとまっている（旧版の『樺太アイヌの住居』（相模書房、一九四三年）は国立国会図書館デジタルアーカイブ［info:ndljp/pid/1460738］で閲覧可能）。

原著刊行後の一九八八年には、B・A・ジェレプツォフによる一九四八年の調査報告書である「樺太アイヌの物質および精神文化」が公刊されている（二〇一二年には増補第二版の *Жеребцов Б. А.* Материальная и духовная культура сахалинских айнов. (Южно-Сахалинск, 2012) が刊行されている）。ジェレプツォフは一九四六年にN・F・ヤコヴレフ（Н. Ф. Яковлев）とともにサハリン島南部でアイヌの人口調査を実施し、十二の集落に一一五九人のアイヌが居住していることを確認している。その後一九四八年にサハリン島南部のアイヌ集落、特にライチシカ（来知志）で民具の収集などを行っている。その当時、サハリン島南部に残っていたアイヌは一〇〇人ほどで、名を馳せたアイヌ集落であったライチシカ（来知志）からも、アイヌの大半は「引揚げ」、残った少数のアイヌも集落を離れて隣町のクラスノゴルスクに移り、すっかりさびれてしまったという。前述の報告書には、同行の写真家I・S・クヴァチ（И. С. Квач）による貴重な写真が掲載されている。

樺太アイヌのほぼ全員が北海道以南に移住した後には北海道で調査が行われた。一九七三、一九七四年には北海道開拓記念館（現・北海道博物館）から『民族調査報告書 資料編』一～三が刊行され、第一巻には北西海岸出身者からの聞き取りも掲載されている。また、一九九四年には、藤村久和、若月亨編『ヘンケとアハチ—聞き書き樺太での暮らし、そして引き揚げ』（札幌テレビ放送、一九九四年）が刊行され、樺太に暮らしていた当時の様子や、敗戦に伴う北海道以南への移住の苦労が当事者によって語られている。そのほか、最近では、医師の和田文治郎のノートが整理されている。戦前から樺太で調査をしていた和田文治郎は、北西海岸の鵜城を含めた地域において、病いやお産に関する調査のほか民話の調査も行っている。戦後においても、北海道内に移住していた北西海岸出身の話者から数多くの伝承を聞き取っている（和田完編著『サハリン・アイヌの熊祭』（第一書房、一九九九年）北原次郎太編『和田文治郎樺太アイヌ説話集』一～四（北海道大学アイヌ・先住民研究センター、二〇一三～二〇一九年））。

本書の誕生については、まず本書の翻訳を快諾され、拙訳にも目を通してくださった著者の大貫先生に心から感謝申し上げる。また、慶応大学の藤田護先生、東京大学大学院の山田慎太郎氏、石井正樹氏のおかげで訳の誤りを訂正できたほか、当初のものより読みやすい日本語訳にすることができた。心より感謝申し上げたい。出版のあてもなく翻訳していた本書を、シンポジウムでの偶然の出会いから、出版の実現に向けて尽力して下さった青土社の篠原一平氏に深くお礼申し上げる。原著の出版から今年で四六年目を迎え、ロシア語訳に二四年遅れてではあるが、日本語訳が一般書として世に出ることになったことを嬉しく思っている。本書によって、樺太アイヌの文化に対する理解が深まることを願っている。そして、アイヌを含めて日本に住む人たちのサハリン／樺太に関わる学習・研究をはじめとして、更に今日盛んになってきている日露間、特に北海道とサハリンの相互理解、交流に貢献することがあれば幸いである。大貫先生、そして大貫先生に樺太アイヌの文化を伝えた方々に心から感謝を捧げたい。

二〇二〇年十一月

阪口　諒

文献案内

ここでは、近年の出版物を中心に、樺太アイヌの言語文化に関する主要な文献を紹介する。単行本で出ているものや、インターネット上で見られるものを優先して掲載し、単行本で日本語訳が出ているものは翻訳書の方を掲載した。文献は、和文は著者の五十音順、欧文はアルファベット順（ラテン文字・キリル文字文献は分けてある）に掲げ、同一著者は年代順に配列した。公的機関が公開している書籍や論文、図録にはURLを記載した。なお、サハリン／樺太史に関する最新の研究動向に関しては『北方人文研究』第13号（北海道大学大学院文学研究院北方研究センター編集・発行）［https://eprints.lib.hokudai.ac.jp/dspace/handle/2115/77237］を参照のこと。

1．概説、全集など

井上紘一訳編・解説（高倉浩樹監修）（2018）『ブロニスワフ・ピウスツキのサハリン民族誌〜二十世紀初め前後のエンチウ、ニヴフ、ウイルタ（東北アジア研究センター叢書第63号）』東北大学東北アジア研究センター.［http://hdl.handle.net/10097/00123171］

葛西猛千代（1943）『樺太アイヌの民俗』樺太庁博物館叢書（復刊：(1975) みやま書房、再録：谷川健一・菊池俊彦編 (1997)『北の民俗誌―サハリン・千島の民族』三一書房.）

金田一京助（1992-1993）『金田一京助全集』全15巻．三省堂.

久保寺逸彦（2001-2020）『久保寺逸彦著作集』全4巻．草風館.

河野本道選（1980）『アイヌ史資料集 集1期6樺太編』北海道出版企画センター.

更科源蔵（1981-1984）『更科源蔵アイヌ関係著作集』全10巻．みやま書房.

更科源蔵（2020）『コタン生物記』全3巻．青土社（旧版：(1992) 法政大学出版局.）

沢田和彦（2019）『ブロニスワフ・ピウスツキ伝―「アイヌ王」と呼ばれたポーランド人』成文社.

千徳太郎治（1929）『樺太アイヌ叢話』（再録：河野本道選（1980）『アイヌ史資料集 集1期6樺太編』北海道出版企画センター.）［info:ndljp/pid/1449728］

タクサミ，チューネル・M、コーサレフ，ワレーリー・D（1998）『アイヌ民族の歴史と文化―北方少数民族学者の視座より（明石ライブラリー6)』（中川裕監修、熊野谷葉子訳）明石書店.

谷川健一・菊池俊彦編（1997）『北の民俗誌―サハリン・千島の民族（日本民俗文化資料集成 第23巻)』三一書房.

知里真志保（1973-1976）『知里真志保著作集』全6巻（4巻＋別巻2）平凡社.

長井博ほか（1993）『アイヌの本（別冊宝島EX)』宝島杜.

中川裕先生還暦記念論文集刊行委員会（2017）『ひろがる北方研究の地平線―中川裕先生還暦記念論文集』サッポロ堂書店.

西鶴定嘉（1942）『樺太アイヌ』樺太庁博物館叢書（復刊：(1974) みやま書房；再録：谷川健一・菊池俊彦編 (1997)『北の民俗誌―サハリン・千島の民族』三一書房.）

萩中美枝（2007）『アイヌ文化への招待』三弥井書店.

馬場修（1979）『樺太・千島考古・民族誌（北方歴史文化叢書）』全 3 巻．北海道出版企画センター．

山本祐弘、知里真志保、大貫恵美子（1979）『樺太自然民族の生活』相模書房．

Majewicz, Alfred F. (ed.) (1998) *The Collected Works of Bronisław Piłsudski* 1-3. Berlin; New York: Mouton de Gruyter.

Refsing, Kirsten. *The Ainu Library Collection* 1-4. Richmond: Curzon.

Высоков М. С. (ред.) (1988) *Айны: проблемы истории и этнографии*. Южно-Сахалинск.

Добротворский М. М. (1875) *Аинско-Русский Словарь*. Казань. [https://rusneb.ru/catalog/000199_000009_003604991/]（日本語訳：ドブロトゥヴォールスキー，M. M. (1995-1997)「アイヌ語ロシア語辞典 1 〜 5」（寺田吉孝訳）『北海学園大学学園論集』第 84 〜 91 号；(2009-2019)「アイヌ語ロシア語辞典 6 〜 26」（寺田吉孝・安田節彦訳）『北海学園大学学園論集』第 142 〜 178 号.）

Жеребцов А.Б. (2012) *Материальная и духовная культура сахалинских айнов*. Южно-Сахалинск.

Осипова М. В. (2008) *Айны острова Сахалин: Традиции и повседневность. Очерки обрядовой культуры*. Хабаровск, .

Соколов А. М. (2014) *Айны: от истоков до современности. (Материалы к истории становления айнского этноса)*. СПб. [http://lib.kunstkamera.ru/rubrikator/03/03_03/978-5-88431-259-3]

2．歴史

相原秀起（2020）『追跡 間宮林蔵探検ルート―サハリン・アムール・択捉島へ』北海道大学出版会．

秋月俊幸（1994）『日露関係とサハリン島―幕末明治初年の領土問題』筑摩書房．

秋月俊幸（1999）『日本北方の探検と地図の歴史』北海道大学図書刊行会．

アダミ，N・R（1993）『遠い隣人―近世日露交流史―（平凡社選書 149）』（市川伸二訳）平凡社．

天野哲也（2008）『古代の海洋民オホーツク人の世界―アイヌ文化をさかのぼる』雄山閣．

天野哲也・臼杵勲・菊池俊彦編（2006）『北方世界の交流と変容―中世の北東アジアと日本列島』山川出版社．

アルテーミエフ，A・R（2008）『ヌルガン永寧寺遺跡と碑文―15 世紀の北東アジアとアイヌ民族』（垣内あと訳）北海道大学出版会．

池上二良（2002）「カラフトのナヨロ文書の満州文」『ツングース・満洲諸語資料訳解』北海道大学図書刊行会．

ヴィソーコフ，M・S（2000）『サハリンの歴史―サハリンとクリル諸島の先史から現代まで』（板橋政樹訳）北海道撮影社．

榎森進編（2003-2004）『アイヌの歴史と文化』1, 2．創童舎．

榎森進（2007）『アイヌ民族の歴史』草風館．

榎森進、小口雅史、澤登寛聡編（2008）『エミシ・エゾ・アイヌ（アイヌ文化の成立と変容―交易と交流を中心として 上)』岩田書院．

榎森進、小口雅史、澤登寛聡編（2008）『北東アジアのなかのアイヌ世界（アイヌ文化の成立と変容―交易と交流を中心として）下)』岩田書院．

大塚和義編（2003）『北太平洋の先住民交易と工芸』思文閣出版．

小川正人、山田伸一編（1998）『アイヌ民族 近代の記録』草風館.
海保嶺夫（1974）『日本北方史の論理』雄山閣出版.
菊池勇夫編（2003）『蝦夷島と北方世界（日本の時代史 19）』吉川弘文館.
菊池勇夫・真栄平房昭編（2006）『近世地域史フォーラム 1―列島史の南と北』吉川弘文館.
菊池俊彦（1995）『北東アジア古代文化の研究』北海道大学図書刊行会.
菊池俊彦（2004）『環オホーツク海古代文化の研究（北海道大学大学院文学研究科研究叢書 6）』北海道大学図書刊行会.
菊池俊彦編（2010）『北東アジアの歴史と文化』北海道大学出版会.
菊池俊彦・中村和之編（2008）『中世の北東アジアとアイヌ―奴児干永寧寺碑文とアイヌの北方世界』高志書院.
今野淳子訳編（2013）『現代語訳 唐太日記・北蝦夷余誌』北海道出版企画センター.
佐々木史郎（1996）『北方から来た交易民―絹と毛皮とサンタン人―（NHK ブックス 772）』日本放送出版協会.
佐々木史郎、加藤雄三編（2011）『東アジアの民族的世界―境界地域における多文化的状況と相互認識（人間文化叢書 ユーラシアと日本―交流と表象―）』有志舍.
佐藤忠悦（2020）『南極に立った樺太アイヌ』（増補新版）青土社.（旧版：(2004)（ユーラシア・ブックレット 64）東洋書店.）
ステファン，J・ジョン『サハリン―日・中・ソ抗争の歴史』（安川一夫訳）原書房.
瀬川拓郎（2005）『アイヌ・エコシステムの考古学―異文化交流と自然利用からみたアイヌ社会成立史』北海道出版企画センター.
関口明・田端宏・桑原真人・瀧澤正編（2015）『アイヌ民族の歴史』山川出版社.
関根達人（2014）『中近世の蝦夷地と北方交易―アイヌ文化と内国化』吉川弘文館.
高倉浩樹編（2018）『寒冷アジアの文化生態史 東北アジアの社会と環境』古今書院.
手塚薫（2011）『アイヌの民族考古学（ものが語る歴史シリーズ 23）』同成社.
中山大将（2019）『国境は誰のためにある？―境界地域サハリン・樺太（歴史総合パートナーズ 10）』清水書院.
原暉之編著（2011）『日露戦争とサハリン島（スラブ・ユーラシア叢書 10）』北海道大学出版会.
姫田光義編（2012）『北・東北アジア地域交流史（有斐閣アルマ Interest 世界に出会う各国＝地域史）』有斐閣.
平山裕人（2016）『アイヌ地域史資料集』明石書店.
ブッセ，ニコライ（2003）『サハリン島占領日記（東洋文庫 715）』（秋月俊幸訳）平凡社.
プロコーフィエフ，M・M、デリューギン，V・A、ゴルブノーフ，S・V（2012）『サハリンと千島の擦文文化の土器―サハリンと千島へのアイヌ民族の進出』（中川昌久訳）函館工業高等専門学校.
北海道史研究協議会編（2016）『北海道史事典』北海道出版企画センター.
洞富雄・谷澤尚一編注（1988）『東韃地方紀行他（東洋文庫 484）』平凡社.
松浦茂（2006）『清朝のアムール政策と少数民族（東洋史研究叢刊之六十九（新装版 7））』京都大学学術出版会.
松浦武四郎著、更科源蔵・吉田豊訳（2018）『アイヌ人物誌 松浦武四郎原著『近世蝦夷人物誌』』青土社.（旧版：(1981)『アイヌ人物誌』農山漁村文化協会.）

三上次男、神田信夫編（1989）『東北アジアの民族と歴史（民族の世界史 3）』山川出版社.
モーリス＝鈴木，テッサ（2000）『辺境から眺める―アイヌが経験する近代』（大川正彦訳）みすず書房.
Ohnuki-Tierney, Emiko (2010) Ainu Komonjo (18th & 19th Century Records) –Ohnuki Collection. [http://digital.library.wisc.edu/1711.dl/JapanRice]
Лим С. Ч. (2017) История сахалинских айнов в свете русско-японского соперничества на Дальнем востоке (XVIII В. - сентябрь 1875 г.). *Гуманитарные исследования в Восточной Сибири и Надальнем Востоке* 3 [DOI: 10.24866/1997-2857/2017-3/21-32]
Лим С. Ч. (2018) Из истории сахалинских айнов–вынужденных мигрантов: 1875–1948 гг. *Этнографическое обозрение* 4. [DOI: 10.31857/S086954150000410-1]

ライフヒストリー

安部洋子著、田村将人協力、橋田欣典編集（2015）『オホーツクの灯り 樺太、先祖からの村に生まれて』クルーズ.
北原きよ子（2013）『わが心のカツラの木 滅びゆくアイヌといわれて』岩波書店.
藤村久和、若月亨編（1994）『ヘンケとアハチ―聞き書き樺太での暮らし、そして引き揚げ』札幌テレビ放送.
山邊安之助著、金田一京助編（1913）『あいぬ物語』博文館（再録：河野本道選 (1980)『アイヌ史資料集 集 1 期 6 樺太編』北海道出版企画センター；金田一京助全集編集委員会編 (1993)『金田一京助全集』第 6 巻．三省堂.）

３．民具

金谷栄二郎・宇田川洋（1986）『樺太アイヌのトンコリ（ところ文庫 2)』常呂町郷土研究同好会.
金谷栄二郎・宇田川洋著、常呂町郷土研究同好会編（1989）『樺太アイヌの板舟（ところ文庫 5)』常呂町郷土研究同好会.
北原次郎太（2019）「樺太アイヌのヌソ（犬ぞり）」大石高典、近藤祉秋、池田光穂編『犬からみた人類史』勉誠出版.
金田一京助、杉山寿栄男（1993）『アイヌ芸術』北海道出版企画センター（初版：(1941 ～ 1943) 第一青年社.）
ラティシェフ，ヴラヂスラフ・M、井上紘一共編（2002）『樺太アイヌの民具』北海道出版企画センター.
Островский А. Б., Сем Т. Ю. (2019) *Коды коммуникации с богами (Мифология и ритуальная пластика айнов)*. СПб. [https://nestorbook.ru/uCat/item/1408]

４．衣食住

小川早苗（2010）『アイヌ民族もんよう集―刺しゅうの刺し方・裁ち方の世界―』かりん舎（発売）
岡本吉右衛門（1978）『アイヌの衣文化』衣生活研究会.
北の手仕事展示会「誌上篇」編集委員会（カリッの会）編『北の手仕事展示会「誌上篇」』クルーズ.
金田一京助，杉山寿栄男（1973）『アイヌ芸術（復刻版）』北海道出版企画センター

（初版：(1941-1943) 第一青年社.）
佐々木利和（2001）『アイヌ文化誌ノート（歴史文化ライブラリー 128）』吉川弘文館.
萩中美枝ほか（1992）『聞き書アイヌの食事（日本の食生活全集 48）』農山漁村文化協会（「樺太地方・金谷フサさんの暮らしと食べもの」再録：萩中美枝 (2007)『アイヌ文化への招待』三弥井書店（写真は割愛）.）
北海道教育庁社会教育部文化課編（1987-1989）『樺太アイヌが伝承する衣文化』1-3. 北海道教育委員会.
山本祐弘（知里真志保協力）（1970）『樺太アイヌ・住居と民具』相模書房（旧版：(1943)『樺太アイヌの住居（建築新書 10）』［info:ndljp/pid/1460738］）

5．歌・踊り・遊び

アイヌ民族博物館編（2005）『西平ウメとトンコリ』アイヌ民族博物館（DVD, CD 付属）
岩澤孝子、田澤守、松永康佑、百瀬響著（2020）『モーションキャプチャおよび CG 技術による樺太アイヌ古式舞踊の再現』北海道教育大学岩見沢校.
梅原宗敬編集責任（1985）『カラフトアイヌ古式舞踊』（文化財国庫補助事業調査報告書 昭和 59 年度）日本民俗舞踊研究会.
金谷栄二郎・宇田川洋（1986）『樺太アイヌのトンコリ（ところ文庫 2）』常呂町郷土研究同好会.
更科源蔵（1983）『アイヌの童戯（更科源蔵アイヌ関係著作集Ⅷ）』みやま書房.
谷本一之（2000）『アイヌ絵を聴く―変容の民族音楽誌』（CD 付属）北海道大学出版会.
富田友子（2012）『西平ウメ伝承トンコリ楽曲集』北海道大学アイヌ・先住民研究センター.
富田友子（2014）『トンコリの世界（北海道大学アイヌ・先住民研究センターブックレット第 2 号）』北海道大学アイヌ・先住民研究センター.
富田友子採録・採譜・解説（2015）『トンコリ楽曲集と演奏法―西平ウメ伝承』retroAFE.
中川裕（2020）『増補版 アイヌの物語世界（平凡社ライブラリー 899）』平凡社（旧版：(1997).）
日本放送協会編（1965）『アイヌ伝統音楽』（本編・付録ソノシート 4 枚）日本放送出版協会.
萩中美枝・宇田川洋編（1996）『北海道東部に残る樺太アイヌ文化Ⅰ』常呂町樺太アイヌ文化保存会.
山本祐弘（知里真志保協力）（1970）『樺太アイヌ・住居と民具』相模書房（旧版：(1943)『樺太アイヌの住居（建築新書 10）』［info:ndljp/pid/1460738］）

6．ことば

北原次郎太（2012）「樺太アイヌ語の世界」中川裕監修、小野智香子編集『ニューエクスプレス・スペシャル 日本語の隣人たちⅡ（CD 付）』白水社.
北原次郎太編（2014a）『からふとのアイヌご』アイヌ文化振興・研究推進機構.
北原次郎太編（2014b）『初級アイヌ語―カラフト―』アイヌ文化振興・研究推進機構.
北原次郎太編（2014c）『中級アイヌ語―カラフト―』アイヌ文化振興・研究推進機構.

以上3冊はアイヌ民族文化財団ホームページ［https://www.ff-ainu.or.jp/web/learn/language/dialect.html］でダウンロード可能。

知里真志保（1942）「アイヌ語法研究―樺太方言を中心として―」（再録：(1973)『知里真志保著作集』第3巻．平凡社．）

服部四郎編（1964）『アイヌ語方言辞典』岩波書店．

村崎恭子（1979）『カラフトアイヌ語―文法編―』国書刊行会．

村崎恭子（2009）『樺太アイヌ語入門会話』緑鯨社．

村崎恭子著、丹菊逸治編（2009～2016）『藤山ハル口述 樺太アイヌ語例文集』1, 2（CD付）北海道大学アイヌ・先住民研究センター．

7．口承文芸

荻原眞子・福田晃編（2018）『英雄叙事詩―アイヌ・日本からユーラシアへ（伝承文学比較双書）』三弥井書店．

北原次郎太編（2013-2019）『和田文治郎著 樺太アイヌ説話集（アイヌ・先住民言語アーカイヴプロジェクト報告書）』1-4．北海道大学アイヌ・先住民研究センター．

金田一京助（1914）『北蝦夷古謡遺篇』甲寅叢書刊行所．（再録：金田一京助全集編集委員会編 (1993)『金田一京助全集』第9巻．三省堂．）

久保田淳他編（1997）『岩波講座 日本文学史 第17巻 口承文学2 アイヌ文学』岩波書店．

知里真志保（1944）「樺太アイヌの説話」『樺太庁博物館彙報』第3巻第1号（再録：(1973)『知里真志保著作集』第1巻．平凡社．）

知里真志保（1953）「樺太アイヌの神謡」『北方文化研究報告』第8輯．

知里真志保（1955）『アイヌ文学』元々社．（再刊：知里真志保・小坂博宣編 (2012)『知里真志保の「アイヌ文学」』クルーズ．）

北海道ウタリ協会札幌支部アイヌ語勉強会訳（1983-1992）「B・ピウスツキ／樺太アイヌの言語と民話についての研究資料＜1～30＞」『創造の世界』第46～84号．小学館．

北海道立アイヌ民族文化研究センター／北海道立文学館／財団法人北海道文学館（2009）『語り、継ぐ。アイヌ口承文芸の世界』財団法人北海道文学館．

本田優子編（2010）『伝承から探るアイヌの歴史（研究叢書1）』札幌大学附属総合研究所．

中川裕（2020）『改訂版 アイヌの物語世界（平凡社ライブラリー899）』平凡社．

村崎恭子（1976）『カラフトアイヌ語』国書刊行会（カセットテープ付属）

村崎恭子編訳（2001）『浅井タケ口述 樺太アイヌの昔話』草風館（CD別売）［http://www.aa.tufs.ac.jp/~mmine/kiki_gen/murasaki/asai01.html］

村崎恭子編（2010）『樺太アイヌの民話（ウチャシクマ）ウェネネカイペ物語3編（AA研北東アジア研究 第2巻）』（音声DVD付）東京外国語大学アジア・アフリカ言語文化研究所．

山田仁史・永山ゆかり・藤原潤子編（2014）『水・雪・氷のフォークロア―北の人々の伝承世界』勉誠出版．

山本祐弘（1968）『北方自然民族民話集成』相模書房．

Ohnuki-Tierney, Emiko (1969) *Sakhalin Ainu Folklore* (Anthropological Studies No. 2). Washington, D.C.: American Anthropological Association.

Piłsudski, Bronisław (1912) *Materials for the study of the Ainu Language and Folklore*. Cracow. (Alfred F. Majewicz ed. (1998) *The collected works of Bronisław Piłsudski* 2: 1-272, Berlin, New York: Mouton de Gruyter; Kirsten Refsing (ed.) The Ainu Library. Collection 1 Vol. 10.)

Пилсудский Б. (2002) *Фольклор Сахалинских Айнов*. Южно-Сахалинск. [http://panda.bg.univ.gda.pl/ICRAP/en/Folklor_sachalinskich_Ainov.html]

8．世界観

宇田川洋編（2004）『クマとフクロウのイオマンテ―アイヌの民族考古学（ものが語る歴史 9)』同成社.

北原次郎太（2014）『アイヌの祭具 イナウの研究』北海道大学出版会.

木村英明・本田優子編（2007）『アイヌのクマ送りの世界（ものが語る歴史シリーズ 13)』同成社.

中川裕（2010）『語り合うことばの力―カムイたちと生きる世界』岩波書店.

藤村久和（1995）『アイヌ、神々と生きる人々（小学館ライブラリー 67)』小学館（旧版：(1985) 福武書店.）

山田孝子（2019）『アイヌの世界観―「ことば」から読む自然と宇宙（講談社学術文庫 2560)』講談社（旧版：(1994) 講談社メチエ 24.）

和田完編著（1999）『サハリン・アイヌの熊祭―ピウスツキの論文を中心に』第一書房.

Adami, Norbert R. (1991) *Religion und Schamanismus der Ainu auf Sachalin*. München: Iudicium.

Ohnuki-Tierney, Emiko (1968) *A Northwest Coast Sakhalin Ainu World View*. (Ph.D. diss., Department of Anthropology, University of Wisconsin, Madison).

Ohnuki-Tierney, Emiko (1981) *Illness and healing among the Sakhalin Ainu: A Symbolic Interpretation*. Cambridge; New York: Cambridge University Press.

9．地名

「蝦夷地アイヌ地名集積」共同制作グループ（2010）「蝦夷地アイヌ地名集積―日高地方・網走地方・樺太西海岸―」(『アイヌ関連総合研究等助成事業研究報告』第 9 号所収.）

「蝦夷地アイヌ地名集積」共同制作グループ（2011）「蝦夷地アイヌ地名集積―渡島・檜山・後志、胆振、樺太東海岸―」(『アイヌ関連総合研究等助成事業研究報告』第 10 号所収.）

佐々木弘太郎（1969）『樺太アイヌ語地名小辞典』みやま書房.

知里真志保（1956）『地名アイヌ語小辞典（にれ双書 2)』楡書房（復刻：(1984) 北海道出版企画センター；再録：(1973)『知里真志保著作集』第 3 巻．平凡社.）

西村いわお（1994）『南樺太〔概要・地名解・史実〕』高速出版.

服部四郎（1969）「はしがき―カラフト西海岸北部地名の共時論的研究―」佐々木弘太郎『樺太アイヌ語地名小辞典』みやま書房.

菱沼右一・西鶴定嘉・葛西猛千代共著（1982）『樺太の地名』第一書房（初版：(1930) 樺太郷土會.）

Самарин И. А. (2016) *Мир айнских* названий *на фотографиях Игоря Самарина*. Москва.

10. サハリンの先住民族

池上二良採録・訳注（2002）『増訂 ウイルタ口頭文芸原文（ツングース言語文化論集16)』（環太平洋の「消滅に瀕した言語」成果報告書A2-013）大阪学院大学.［https://eprints.lib.hokudai.ac.jp/dspace/handle/2115/56940］

ウイルタ協会資料館運営委員会編集（2002）『北方少数民族資料館ジャッカ・ドフニ展示作品集（改訂版)』ウイルタ協会.（旧版：(1980)『資料館ジヤッカ・ドフニ展示作品集』）

ヴィシネフスキー，N（2006）『トナカイ王―北方先住民のサハリン史』（小山内道子訳）成文社.

加藤九祚（1986）『北東アジア民族学史の研究―江戸時代日本人の観察記録を中心として』恒文社.

荻原眞子（1995）『東北アジアの神話・伝説』東方書店.

荻原眞子（1996）『北方諸民族の世界観―アイヌとアムール・サハリン地域の神話・伝承』草風館.

クレイノヴィチ，E・A著（1993）『サハリン・アムール民族誌―ニヴフ族の生活と世界観』（桝本哲訳）法政大学出版局.

斎藤君子編訳（1988）『シベリア民話集（岩波文庫 赤(32)-644-1)』岩波書店.

斎藤君子（1993）『シベリア民話への旅』平凡社.

齋藤君子（2011）『シベリア神話の旅』三弥井書店.

佐々木史郎（1996）『北方から来た交易民―絹と毛皮とサンタン人―（NHKブックス772)』日本放送出版協会.

サンギ，V編（1992）『天を見てきたエヴェンク人の話―シベリアの伝説と神話』（匹田紀子訳）北海道新聞社.

サンギ，V（2000）『サハリン・ニヴフ物語―サンギ短編集』（田原佑子訳）北海道新聞社.

サンギ，ウラジーミル（2015）『ケヴォングの嫁取り―サハリン・ニヴフの物語（群像社ライブラリー35)』（田原佑子訳）群像社.

瀧口夕美（2013）『民族衣装を着なかったアイヌ―北の女たちから伝えられたこと』編集グループSURE.

田中了、D・ゲンダーヌ（1978）『ゲンダーヌ―ある北方少数民族のドラマ』現代史出版会.

田中了（1993）『サハリン北緯50度線―続・ゲンダーヌ』草の根出版会.

中村チヨ口述、村崎恭子編、ロバート・アウステリッツ採録・著（1992）『ギリヤークの昔話』北海道出版企画センター.

永山ゆかり、吉田睦編（2018）『アジアとしてのシベリア―ロシアの中のシベリア先住民世界（アジア遊学227)』勉誠出版.

服部健（2000）『服部健著作集―ギリヤーク研究論集―』北海道出版企画センター.

山田祥子編訳、ビビコワ，E露訳（2014）『シーグーニ物語テキスト―ウイルタ長編英雄物語ニグマー（ツングース言語文化論集58)』（CD付）北海道大学大学院文学研究科.［https://eprints.lib.hokudai.ac.jp/dspace/handle/2115/56191］

山本祐弘（1943）『樺太原始民族の生活（アルス文化叢書33)』アルス［info:ndljp/pid/1460160］

Shternberg, Lev IAkovlevich (1999) *The social organization of the Gilyak. (Anthropological papers of*

the American Museum of Natural History, No. 82). New York, Seattle: American Museum of Natural History, University of Washington Press (distributed). [http://hdl.handle.net/2246/281]
Шмидт Ф. Б., Глен П. П. (1868) *Труды сибирской экспедиции Императорского русского географического общества. Физический отдел* Т. 1. историйческие отчеты. СПб. [https://elib.rgo.ru/handle/123456789/213105]
Шренк Л. И. (1883-1903) *Об инородцах Амурского края* Т. 1-3. СПб.
Штернберг Л. Я. (1933) *Гиляки, орочи, гольды, негидальцы, айны*. Хабаровск. [https://dlib.rsl.ru/viewer/01006753633]

11. 図録

アイヌ文化振興・研究推進機構編（2000）『北の民アイヌの世界—馬場・児玉コレクションにみる』アイヌ文化振興・研究推進機構.
アイヌ文化振興・研究推進機構編（2004）『樺太アイヌ民族誌—工芸に見る技と匠—』財団法人アイヌ文化振興・研究推進機構.
アイヌ文化振興・研究推進機構編（2005）『ロシア民族学博物館アイヌ資料展—ロシアが見た島国の人々—』財団法人アイヌ文化振興・研究推進機構.
アイヌ文化振興・研究推進機構編（2009）『アイヌの美—カムイと創造する世界—ロシア民族学博物館・オムスク造形美術館所蔵資料』財団法人アイヌ文化振興・研究推進機構.
アイヌ文化振興・研究推進機構編（2011）『千島・樺太・北海道 アイヌのくらし—ドイツコレクションを中心に—』財団法人アイヌ文化振興・研究推進機構.
アイヌ文化振興・研究推進機構編（2013）『ロシアが見たアイヌ文化 ロシア科学アカデミー・ピョートル大帝記念人類学民族学博物館のコレクションより』財団法人アイヌ文化振興・研究推進機構.
アイヌ民族博物館編（1991）『アイヌの衣服文化—着物の地方的特徴について』（企画展第 8 回）アイヌ民族博物館（増補版：(1992).）
アイヌ民族博物館編（1996）『財団法人設立 20 周年記念・第 11 回企画展図録「樺太アイヌ—児玉コレクション—」』財団法人アイヌ民族博物館.
アイヌ民族博物館編（1998）『平成 9 年度 財団法人アイヌ文化振興・研究推進機構 展示事業「アイヌ工芸展 サハリンアイヌの生活文化」』財団法人アイヌ文化振興・研究推進機構.
荻原眞子・古原敏弘、ヴァレンチーナ・V．ゴルヴァチョーヴァ（2007）『ロシア民族学博物館所蔵アイヌ資料目録』草風館.
小西雅徳（編）（2000）『石田収蔵 謎の人類学者の生涯と板橋』（特別展図録）板橋区立郷土博物館.
西秋良宏、宇田川洋編（2002）『北の異界—古代オホーツクと氷民文化（東京大学コレクションＸⅢ）』東京大学総合研究博物館、東京大学出版会（発売）[http://umdb.um.u-tokyo.ac.jp/DPastExh/Publish_db/2002Okhotsk/]
北海道立北方民族博物館編（1997）『樺太 1905-45—日本領時代の少数民族—（第 12 回特別展）』北海道立北方民族博物館.
北海道立北方民族博物館編（2011）『ウイルタとその隣人たち—サハリン・アムール・日本つながりのグラデーション（北海道立北方民族博物館第 26 回特別展）』北

海道立北方民族博物館.
SPb－アイヌプロジェクト調査団編著（1998）『ロシア科学アカデミー人類学民族学博物館所蔵アイヌ資料目録』草風館.
Fitzhugh, W.W. & Dubreuil, C. O. (eds.) (1999) *Ainu: Spirit of a Northern People.* Washington, DC: Arctic Studies Center.［https://archive.org/details/ainuspiritofnort00wash］
Соколов А. М., Беляева-Сачук В.А. (авт.-сост.) (2019) *Мир айнов глазами Бронислава Пилсудского: коллекции Кунсткамеры.* СПб.［http://lib.kunstkamera.ru/rubrikator/06/978-5-88431-372-9］

12. 文献目録

アイヌ年誌刊行会編→アイヌ無形文化伝承保存会編（1988～2000）『アイヌ年誌（1987～1999年版）』アイヌ年誌刊行会→491 アヴァン→アイヌ無形文化伝承保存会.
アイヌ文献目録刊行会編（2003～）「アイヌ文献目録」『北海道立アイヌ民族文化研究センター研究紀要』第11～20号→『北海道博物館アイヌ民族文化研究センター研究紀要』第1号～継続中.
青柳文吉編、菊池俊彦序（2005）『サハリン北方先住民族文献集』文芸作品篇 1905-45／人類学・民族学篇 1905-45．北海道大学大学院文学研究科.
アダミ，ノルベルト・R．編著（1991）『アイヌ民族文献目録　欧文編』（小坂洋右訳）サッポロ堂書店.
出村文理編（2008）「アイヌ文化関係書誌の書誌（国内刊行編）（抄）」『文献探索 2007』金沢文圃閣.
煎本孝編（1992）*Ainu bibliography.* 北海道大学.
笹倉いる美編（1993～）「のるりすと 北方研究データベース」『北海道立北方民族博物館研究紀要』第7号～継続中.［http://hoppohm.org/norlist/］
式場隆三郎編（1942）「アイヌ書誌」『工芸』第107号（再録：河野本道選 (1981)『アイヌ史資料集』補巻 辞典・書誌編.）
北海道総務部行政資料室編（1970）『樺太関係文献総目録』北海道.
北海道大学附属図書館編（1990）『日本北辺関係旧記目録（北海道・樺太・千島・ロシア）』北海道大学図書刊行会.
北海道立図書館北方資料室編（2002）『北海道立図書館 北方資料参考図書解説目録 4《アイヌ資料》（北の資料 第109号）』北海道立図書館.
松下亘、君尹彦編著（1978）『アイヌ文献目録 和文編』みやま書房.
吉田千萬編（1997）『樺太（サハリン）・千島の先住民族文献―単行本・小冊子・雑誌文献資料―明治元（1868）～昭和20（1945）年―（環オホーツク叢書 1）』北の文化シンポジウム実行委員会.

13. その他

岡和田晃編（2014）『北の想像力―《北海道文学》と《北海道SF》をめぐる思索の旅』寿郎社.
岡和田晃編（2019）『現代北海道文学論―来るべき「惑星思考（プラネタリティ）」に向けて』藤田印刷エクセレントブックス.
須田茂（2018）『近現代アイヌ文学史論〈近代編〉』寿郎社.

関屋敏隆（2002）『やまとゆきはら―白瀬南極探検隊（日本傑作絵本シリーズ）』福音館書店.
関屋敏隆（2005）『まぼろしのデレン―間宮林蔵の北方探検（日本傑作絵本シリーズ）』福音館書店.
崔銀姫（Choi Eunhee）（2018）『表象の政治学―テレビドキュメンタリーにおける「アイヌ」へのまなざし―（世界人権問題叢書 91）』明石書店.

14. 音声・映像資料

アイヌ民族博物館編（2005）『西平ウメとトンコリ』アイヌ民族博物館（DVD, CD 付属）
アイヌ無形文化伝承保存会（1976 ～ 92）『アイヌ文化伝承記録映画ビデオ大全集』（5 シリーズ全 23 巻.）
北原次郎太・田村すず子・田村雅史・田村将人・丹菊逸治編（2003）『アイヌ語樺太・名寄・釧路方言の資料―田村すず子採録　藤山ハルさん・山田ハヨさん・北風磯吉さん・徹辺重次郎さんの口頭文芸・語彙・民族誌（環太平洋の「消滅に瀕した言語」成果報告書 A2-039)』大阪学院大学情報学部（CD 付属）
谷本一之（2000）『アイヌ絵を聴く―変容の民族音楽誌』（CD 付属）北海道大学出版会.
知里真志保監修、日本放送協会録音（1951）『樺太アイヌの古謡』レコード番号：VC-17-37）（国立国会図書館歴史的音源で視聴可能.）
日本放送協会編（1965）『アイヌ伝統音楽』（本編・付録ソノシート 4 枚）日本放送出版協会.
本田安次、萱野茂、日本伝統文化振興財団（2008）『CD アイヌ・北方民族の芸能』（北原次郎太解説）ビクターエンタテインメント、日本伝統文化振興財団（発売）（本田安次 (1976)『アイヌ・オロッコ・ギリヤークの芸能（日本の民俗音楽 別巻)』（LP レコード盤）の復刻）
村崎恭子（1976）『カラフトアイヌ語』国書刊行会（カセットテープ付属）
村崎恭子編訳（2001）『浅井タケ口述 樺太アイヌの昔話』草風館（CD は別売だが、次のサイトでアイヌ語テキスト、日本語訳とともに音声が公開［http://www.aa.tufs.ac.jp/~mmine/kiki_gen/murasaki/asai01.html］）
村崎恭子編（2010）『樺太アイヌの民話（ウチャシクマ）ウェネネカイペ物語 3 編』（音声 DVD 付）東京外国語大学アジア・アフリカ言語文化研究所.
NHK 編（1990）『NHK 特集：ユーカラ沈黙の 80 年～樺太アイヌ蝋管秘話（NHK 特集名作 100 選)』NHK ソフトウェア.

15. インターネット

公益財団法人 アイヌ民族文化財団［https://www.ff-ainu.or.jp/］
○『アイヌ文化生活再現マニュアル』
トンコリ（五弦琴）の制作方法などに関しても PDF と動画で学ぶことができる。
○「オルシペ スウォプ」.
各地のアイヌの物語や歌謡をアニメ化したもの（樺太の 3 篇を含む)。アイヌ語日本語字幕あり。
○「アイヌ語アーカイブ」

旧アイヌ民族博物館が記録した沙流や静内地方の物語・歌謡の音声と聞き起こし、日本語訳が公開されている。アイヌ語辞典からアイヌ語の検索も可能。

○「月刊シロロ」

アイヌ文化に関わる様々な論考やエッセイが多数掲載されている。

国立公文書館デジタルアーカイブ［https://www.digital.archives.go.jp/］

間宮林蔵の北方探検の記録である「北夷分界余話」「東韃地方紀行」などの鮮明な画像が閲覧可能。

引用・主要参考文献

著者による出版物以外に、北西海岸の樺太アイヌに関する民族誌的な出版物は見当たらない。以下に挙げる研究は、東海岸の樺太アイヌもしくは樺太アイヌ一般についてのものである。

アイヌ文化保存対策協議会編（1970）『アイヌ民族誌』東京：第一法規出版.
アイヌの文化、言語、どんな民族なのかに関する問題についての総合的な調査。宗教や社会構造などのテーマに関して、樺太アイヌに関する記述は限られているが、各地域のアイヌについては、それぞれのテーマごとに論じられている。

Batchelor, John (1927) *Ainu Life and Lore*. Tokyo: Kyobunkan.（日本語訳はバチェラー，ジョン (1999)『アイヌの暮らしと伝承―よみがえる木霊』(小松哲郎訳) 北海道出版企画センター.）

知里真志保（1944）「樺太アイヌの説話」『樺太庁博物館彙報』3 (1): 1-146.（再録：『知里真志保著作集』1: 251-372. 東京：平凡社.）
民話とともに、注釈は民族誌的情報として非常に価値が高い。

——（1953；1954；1962）『分類アイヌ語辞典』全3巻（第1巻 植物篇 1953年；第2巻 動物篇 1962年；第3巻 人間篇 1954年）東京：日本常民文化研究所.（再刊：『知里真志保著作集』別巻 (人間編は1975年、植物編と動物編は1976年) 東京：平凡社.）
各項目には、北海道と樺太の様々な地域での語彙の説明と、関連する民族誌情報が含まれている。知里氏の網羅的な書誌に関しては、Ohnuki-Tierney (1973b) 参照。

——（1955）『かむい・ゆうかる アイヌ叙事詩入門』札幌：アポロ書店.

——（1973）山本祐弘共著「樺太アイヌの生活」『知里真志保著作集』3: 145-209. 東京：平凡社.（再録：知里真志保・山本祐弘・大貫恵美子 (1979)『樺太自然民族の生活』14-94. 東京：相模書房.）
東海岸の樺太アイヌの生活に関する短いが優れた記述。

Chard, Chester S. (1968) A New Look at the Ainu Problem. *Proceedings of the Eighth International Congress of Anthropological and Ethnological Sciences* 3: 98-99. Tokyo: Science Council of Japan.

冨士田清信（1930）『樺太アイヌ熊祭の解説』樺太豊原町：啓蒙社.
樺太アイヌのクマ送りを貴重な写真を交えて簡潔だがうまく説明している。

Hallowell, A Irving (1926) *Bear Ceremonialism in the Northern Hemisphere*. Philadelphia: University of Pennsylvania.
極地付近の人々の類似した慣習を参照してアイヌのクマ送りが論じられている。

Harrison, John A. (1954) "The Saghalien Trade: A Contribution to Ainu Studies," *Southwestern Journal of Anthropology*, Vol. 10, no. 3, 278-293.

Harrison, John A. (1955) Kita Yezo Zusetsu or A Description of the Island of Northern Yezo by Mamiya Rinzo. *Proceedings of the American Philosophical Society* 99 (2): 93-117. 間宮（1855）参照。

服部四郎（1957）「アイヌ語における年長者層特殊語」『民族學研究』21(3): 38-45.
服部氏は言語学者で、フシコの言葉を集中的に調査してきた。

服部四郎編（1964）『アイヌ語方言辞典』東京：岩波書店　言語学的にもアイヌの社

会・文化の資料としては非常に貴重である。
伊福部宗夫（1969）『沙流アイヌの熊祭』札幌：みやま書房.
北海道沙流アイヌのクマ送りの総説。
金成まつ筆録・金田一京助訳注（1959-1966）『アイヌ叙事詩 ユーカラ集』1-7. 東京：三省堂.
アイヌの女性である著者が、叙事詩の貴重なアイヌ語テキストを音韻表記で書き記したもの。日本語訳付き。
金田一京助（1914）『北蝦夷古謡遺篇』東京：郷土研究社.（再録：金田一京助全集編集委員会編（1993）『金田一京助全集』9: 7-134. 東京：三省堂.）
注釈の付された叙事詩の貴重な記録。
金田一京助（1925）『アイヌの研究』東京：内外書房.
——（1944）『アイヌ叙事詩 虎杖丸の曲』東京：青磁社.（再録：金田一京助全集編集委員会編 (1993)『金田一京助全集』9: 135-504. 東京：三省堂）
この長大な叙事詩は、アイヌ語の音韻表記で提示されており、日本語訳と貴重な注釈が含まれている。
Kitagawa, Joseph M. (1961) Ainu Bear Festival (*Iyomante*). *History of Religion* 1 (1): 95-151.
北海道平取に暮らす沙流アイヌのクマ送りとともにアイヌの先史時代と文化に関して総合的に考察したもの。
近藤守重輯（1804）『邉要分界圖考』(→ Ohnuki-Tierney (2010) で公開)
Lévi-Strauss (1969) *The Raw and the Cooked*：*Introduction to a Science of Mythology*. New York：Harper and Row.
間宮倫宗（林蔵）（1855）『北蝦夷圖繪』（大友喜作解説・校訂・編『北門叢書』5: 277-380. 東京：北光書房. 写本は Ohnuki-Tierney (2010) で公開）
有名な初期の探検家による優れた樺太アイヌの民族誌。英訳は Harrison (1955) 参照。
Munro, Neil Gordon (1963) *Ainu Creed and Cult*. New York: Columbia University Press.（日本語訳：マンロー，ニール・ゴードン著、セリグマン，B. Z. 編（2002）『アイヌの信仰とその儀式』（小松哲郎訳）東京：国書刊行会.）
北海道二風谷の沙流アイヌの宗教に関する優れた著作。マンローのメモから編集した社会構造とクマ送りに関するセリグマンの貴重な考察が追加されている。
日本民族学協会編（1952）「沙流アイヌ共同調査報告」『民族学研究』16 (3-4).
様々な専門家によって行われた集中調査の報告書。
Ohnuki-Tierney, Emiko (1968) A Northwest Coast Sakhalin Ainu World View. Ph.D. dissertation, Department of Anthropology, University of Wisconsin, Madison.
—— (1969a) Concepts of Time among the Ainu of the Northwest Coast of Sakhalin. *American Anthropologist* 71: 488-492.
—— (1969b) *Sakhalin Ainu Folklore*, Anthropological Studies No. 2. Washington, D.C.: American Anthropological Association.
—— (1972) Spatial Concepts of the Ainu of the Northwest Coast of Southern Sakhalin. *American Anthropologist* 74: 426-457.
—— (1973a) The Shamanism of the Ainu of the Northwest Coast of Southern Sakhalin, *Ethnology* 12 (1): 15-29.
—— (1973b) with Hideo Fujimoto. "Mashio Chiri—Ainu Scholar of Ainu Culture and Professor of Linguistics," *American Anthropologist* 75: 868-876.

—— (1973c) Sakhalin Ainu Time Reckoning. *Man* 8 (2): 285-299.
—— (1974) Another Look at the Ainu. *Arctic Anthropology* 11: 189-195.
—— (1976a) Shamanism and World View—Case of the Ainu of the Northwest Coast of Southern Sakhalin. In: A. Bharati (ed.) *The Realm of the Extra-Humans: Ideas and Actions*, 175-200. The Hague, Paris: Mouton. Distributed by Aldine（Chicago）.
—— (1976b) Regional Variation in Ainu Culture. *American Ethnologist* 3(2): pp.297-329.
—— (1977) Health Care in Contemporary Japanese Religions. In: L. E. Sullivan (ed.) *Healing and Restoring: Health and Medicine in the World's Religious Traditions*, 59-87. New York: Macmillan.
—— (1977) An Octopus Headache? A Lamprey Boil? Multisensory Perception of `Habitual Illnesses' and World View of the Ainu. *Journal of Anthropological Research* 33(3): 245-257.
—— (1977) Classification of the 'Habitual Illnesses' of the Sakhalin Ainu. *Arctic Anthropology* 14 (2): 9-34.
—— (1978) Ainu. *The World Book Encyclopedia*. Vol. A-1, 153. Chicago: Field Enterprises Educational Corporation.
——（大貫恵美子）（1979）知里真志保・山本祐弘共著『樺太自然民族の生活』東京：相模書房.
—— (1980) Ainu Illness and Healing A Symbolic Interpretation. *American Ethnologist* 7(1): 132-151.
——（大貫恵美子）（1980）「文化と分類ーアイヌの空間観念を例としてー」『思想』676: 26-45.
—— (1980) Shamans and Imu: Among Two Ainu Groups--Toward a Cross-Cultural Model of Interpretation. *Ethos* 8(3): 204-228. Reprinted in, R. C. Simons and C. C. Hughes (eds.) Culture Bound Syndromes, 91-110. Dordecht, Holland: Reidel.
—— (1981) *Illness and Healing among the Sakhalin Ainu: A Symbolic Interpretation*. Cambridge, New York: Cambridge University Press.
—— (1987) Ainu religion; Inao; Iresu Huchi; Kamuy. In: Mircea Eliade (ed.) *The Encyclopedia of Religions* Vol. 1: 159-61; Vol. 7: 147; Vol. 7: 283-84; Vol. 8: 245-46. New York: Macmillan.
—— (1993) Ainu. In: P. Hockings (ed.) *Encyclopedia of World Cultures* 5: 7-10. Human Relations Area Files. Boston: G.K. Hall.
—— (1997) The Ainu Colonization and the Development of "Agrarian Japan" —A Symbolic Interpretation. In: H. Hardacre (ed.) *New Directions in the Study of Meiji Japan*, 656-675. Leiden: E. J. Brill.
—— (1999) Ainu Sociality. In: W.W. Fitzhugh & C. O. Dubreuil (eds.) *Ainu: Spirit of a Northern People*, 240-245. National Museum of Natural History. Smithsonian Institution.
—— (2010) *Ainu Komonjo (18th & 19th Century Records) –Ohnuki Collection.*
http://digital.library.wisc.edu/1711.dl/JapanRice
（デジタル出版）アイヌ関連の写本。日本語・英語の説明付き。
Paproth, Hans-Joachim (1967) Das Bärenfest der Ainu auf Sachalin. In: *Rundschau für Menschen- und Menschheitskunde* 1: 34-43. Oosterhout: Anthropological Publications.
—— (1970) Über einige Bärenkultobjekte des Museums für Völkerkunde zu Leipzig *Jahrbuch des Museums für Völkerkunde zu Leipzig*, Band 27: 320-351.
ピウスツキが撮影した樺太アイヌの貴重な写真が複製されている。

—— (1989) mit Bertram Turner: Hundert Jahre Völkerkunde im deutschsprachigen Raum. In: Thomas Theye (Hrsg.) *Der geraubte Schatten*, 120-141. München: Bucher.
—— (2002) mit Hitoshi Yamada: Ainu-Ornamentik. In: *Die Ainu; Porträt einer Kultur im Norden Japans*, 58-75. München: Staatliches Museum für Völkerkunde.
Piłsudski, Bronisław (1909) Der Schamanismus bei den Ainu-Stämmen von Sachalin. *Globus* 15 (4): 261-274; 16 (2): 117-132.（和田完訳「サハリン・アイヌの熊祭」和田完編著『サハリン・アイヌの熊祭（ピウスツキの論文を中心に）』47-73. 東京：第一書房（1999）. に再録.）
—— (1912) *Materials for the Study of the Ainu Language and Folklore*. Cracow: Spolka Wydawnicza Polska.
価値のある注釈が含まれている。
—— (1915) Na medvezh'em prazdnike ainov o. Sakhalina. *Zhivaia starina* 23 (1914) (1-2): 67-162. [На медвежьем праздние айнов о. Сахалина. *Живая старина* (1914 г.), годъ XXIII, вып. 1-2: 67-162,]（日本語訳：高倉浩樹監修・井上紘一訳編・解説 (2018)『ブロニスワフ・ピウスツキのサハリン民族誌』483-646. 仙台：東北大学東北アジア研究センター.）
樺太アイヌのクマ送りに関する非常に優れた民族誌。
瀬川清子（1952）「沙流アイヌ婦人の UPSHOR について（＜特集＞沙流アイヌの共同調査報告）（金田一京助博士古稀記念）『民族学研究』16 (3-4): 246-254.
千徳太郎治（1929）『樺太アイヌ叢話』東京：市光堂.（再録：河野本道選（1980）『アイヌ史資料集』6. 札幌：北海道出版企画センター.）
東海岸内淵のアイヌ集落の元首長がアイヌの生活を簡潔に説明したもの。
Stephan, John J. (1971) *Sakhalin: A History*. Oxford: Clarendon Press.（日本語訳はステファン，ジョン・J.『サハリン 日・中・ソ抗争の歴史』（安川一夫訳）東京：原書房.）
杉浦健一（1952）「沙流アイヌの親族組織（＜特集＞沙流アイヌの共同調査報告）（金田一京助博士古稀記念）『民族学研究』16(3-4): 187-212.
Sugiura, Kenichi, and Harumi Befu (1962) Kinship Organization of the Saru Ainu. *Ethnology* 1 (3): 287-298.
高倉新一郎（1939）「近世における樺太を中心とした日満交易」『北方文化研究』1: 163-194. Harrison (1954) 参照。
Takakura, Shin'ichirō(1960) The Ainu of Northern Japan: A Study in Conquest and Acculturation. Transactions of the American Philosophical Society, N.S., 50, Part 4.
—— (1966) Vanishing Ainu of Northern Japan. *Natural History* (Oct.), pp. 16-25.
Torii, Ryuzo (1919) Études Archéologiques et Ethnologiques des Ainou des Îles Kouriles *Journal of the College of Science, Imperial University of Tokyo* 42, Article 1.（日本語訳は鳥居龍蔵 (1976)「考古学民族学研究・千島アイヌ」(小林知生訳)『鳥居龍蔵全集』5: 311-553. 東京：朝日新聞社.）
山本祐弘（1968）『北方自然民族民話集成』東京：相模書房.
——（1971）知里真志保協力『樺太アイヌ・住居と民具』東京：相模書房.
Watanabe, Hitoshi (1964) The Ainu—A Study of Ecology and the System of Social Solidarity between Man and Nature in Relation to Group Structufe. *Journal of the Faculty of Science*, University of Tokyo, Vol. II, Sec. V, Part 6. Republished as (1973) *The Ainu Ecosystem*. Seattle, Wash.: University of Washington Press.

アメリカ国内で利用可能なアイヌの映像

"Iyomande—The Ainu Bear Festival." Black and white. Sound (英語). 26 分 .16㎜ . [https://archive.org/details/iyomandetheainubearfestival]
マンローが 1930 年代初頭に撮影した、北海道沙流川流域のアイヌのクマ送りに関する優れた映画。クマ送りの報告については、Munro (1963: 169-171) [日本語訳はマンロー著・セリグマン編（小松和弘訳）2002：241-244] を参照。University of California Extension Media Center（Berkeley, California 94702）によって配給されている。

"Canoes of the Ainu." Color. Sound (英語). 19 分 .
北海道アイヌの舟造り、それに伴う儀式、踊り、歌などを収録。American Educanonal Films（9879 Santa Monica Blvd., Beverly Hills, California 90212）が配給。

"The Gods of the Ainu." Color. Sound (英語). 16 分 .
アイヌの賓客で、アイヌを見守る存在として敬われる北海道アイヌの神々に焦点を当てている。

アイヌ音楽

『アイヌ伝統音楽』本編＋付録 . 1965 年 . 札幌：日本放送協会 .
北海道と樺太のアイヌの伝統音楽を収録した優れた資料集。

樺太アイヌ民族誌
その生活と世界観

2021年 1月10日 第一刷発行
2021年 5月10日 第二刷発行

著 者 大貫恵美子
訳 者 阪口 諒

発行者 清水一人
発行所 青土社

〒101-0051 東京都千代田区神田神保町1-29 市瀬ビル
［電話］03-3291-9831（編集） 03-3294-7829（営業）
［振替］00190-7-192955

印刷・製本 ディグ
装丁 大倉真一郎

ISBN978-4-7917-7329-9 Printed in Japan